Prólogo de Raquel Roca

EL FORMADOR 5.0

LID

MADRID | CIUDAD DE MÉXICO | BUENOS AIRES | BOGOTÁ
LONDRES | NUEVA YORK
SHANGHÁI | NUEVA DELHI

Colección Acción Empresarial de LID Editorial
www.LIDeditorial.com

A member of:

businesspublishersroundtable.com

© David Barreda 2021
© Raquel Roca 2021, del prólogo
© Editorial Almuzara S.L. 2021 para LID Editorial, de esta edición.

EAN-ISBN13: 978-84-18578-57-1
Directora editorial: Laura Madrigal
Corrección: Cristina Matallana
Fotografía del autor: © María Clauss
Maquetación: produccioneditorial.com
Diseño de portada: Juan Ramón Batista
Impresión: Cofás, S.A.
Depósito legal: CO-217-2021

Impreso en España / *Printed in Spain*

Primera edición: marzo de 2021

Te escuchamos. Escríbenos con tus sugerencias, dudas, errores que veas o lo que tú quieras. Te contestaremos, seguro: info@lidbusinessmedia.com

A mi madre y a mi padre,
referentes y maestros de vida.

ÍNDICE

TERCERA PARTE
EN EL AULA

CUARTA PARTE
AHORA EMPIEZA TODO

QUINTA PARTE
ANEXOS

AGRADECIMIENTOS

Mi agradecimiento por siempre a Mayte, quien impulsó y facilitó este proyecto con su amor. A Belén, Raúl, Ángel, África, David y María del Mar, mis pilares de vida.

Gracias, Francesco Garcea y Álvaro Trujillo, por enseñarme a trabajar en equipo y a hacerme mejor formador y mejor persona, y, también, por vuestras revisiones. Gracias, Charo Aguilera, por tu apoyo, por tu *feedback* y por abrirme para siempre la perspectiva de que todas las personas somos iguales.

Gracias, Inmaculada Gómez, Isabel Ramírez y Cande Acosta, por todo el cariño y la verdad que habéis puesto al repasar los textos; Manuel Morillo, por tu trabajo y compromiso con los vídeos, y María Clauss, por tu fotografía.

A mi compañera de proyectos Eladia, y al resto del equipo de la Escuela de Economía Social de Andalucía, Pepe Ariza, Pedro Campano, Dalia Borge, Myriam Jiménez y Pepa Fernández, por lo vivido en España y en América Latina.

Gracias, Cinta Liáñez, la primera persona que vio en mí un formador y encendió la llama. Gracia, Sara Serna, por tu confianza, desde el primer momento.

A mis amigos, Pepe Romero, José Ramón Hernández (poner Pipo Grande me parece poco serio), Carmela, María Gregorio y Pepa Bermúdez. A Helen Gómez Ruano y Enrique Cejudo, por todo el cariño durante el proceso. Y a Andrés Pérez Ortega, por estar siempre.

Gracias, Raquel Roca, por tu autenticidad, por facilitar la conexión y por tu prólogo. A todo el equipo de LID Editorial, y en especial a Laura Madrigal, por hacer de este proyecto una realidad.

A todas las personas que pasasteis por Centro de Estudios Academo, porque hicisteis de aquello un lugar maravilloso. Gracias de corazón a todos mis alumnos y alumnas porque me habéis modelado mi manera de ser y hacer.

Gracias a mi tío Luis, otro maestro, siempre en la memoria.

PRÓLOGO

Había dormido poco.

No podía dejar mis manos quietas, nerviosa, por la espera. Unas cuantas filas y nucas por delante de mí él iba separando papeles encima de su mesa. A la derecha los marcados con bolígrafo rojo, a la izquierda los intencionadamente «bendecidos» con tinta azul... Ahí, sobre el escritorio del que probablemente fuera mi mejor profesor de universidad, estaban todos mis escritos, redacciones, crónicas y desvelos de mi primer año de carrera de Periodismo. A mis espaldas, cientos de películas, conciertos, teatros y sucesos vividos y narrados gracias a un profesor que supo inculcarnos el gusto por un oficio a través de la experimentación, el reto, la exploración, el método y el autoconocimiento.

En ese momento me importaba, y mucho, aprobar. Ahora, desde la perspectiva que te da la edad, sé que ese profesor y otros pocos elegidos fueron más que docentes: fueron maestros de vida. Porque me marcaron; dejaron en mí una huella que fue mucho más allá de simples materias o conocimientos concretos.

Te cuento esta historia porque así es como David quiere que comiences el libro, pensando en aquellas personas que dejaron en ti también una huella educativa, y porque además te estás embarcando en una de las actividades más bellas y gratificantes que hay: la docencia. Tanto si vas a dar clases por vez primera como si lo que quieres es perfeccionar tu técnica, estás en el lugar adecuado.

Te lo dice alguien que también ha tenido la fortuna de impartir muchas, pero muchas, horas de formación... Con este libro se aprende. Porque, como diría el poeta William Butler Yeats, «la educación no es llenar un cubo, sino encender un fuego». Y eso es lo que David te mete en el cuerpo: ganas de ser un formador de primera (perdón, 5.0) desde la cabeza, el estómago y el corazón. Enseguida el autor te explica esto mejor. Y encima todo —porque así es él— tremendamente estructurado, guionizado y detallado para que no falles en ninguna etapa. Para que te sientas seguro. Aunque la intención del libro parece que fuera darte una serie de pautas que te puedan servir de referencia y apoyo a la hora de preparar e impartir una formación, aquí hay más fuegos encendidos que cubos llenados.

Porque ser un formador 5.0 significa ser un agente de cambio, querer diseñar y facilitar experiencias de aprendizaje, y eso solo es posible para personas que sean empáticas, asertivas, creativas y flexibles; el formador 5.0 busca y genera autonomía y responsabilidad, está conectado, digitalizado, comparte su conocimiento y está en continuo crecimiento y aprendizaje. En definitiva, el formador 5.0 es, como bien sabe David, es un *knowmad* (nómada del conocimiento). Y ser *knowmad* hoy día, con sus competencias asociadas, es una garantía para tu propia empleabilidad presente y futura.

Ojalá disfrutes leyendo y aprendiendo con este libro; que te sirva para construir la mejor de las formaciones y una excelente marca personal para que puedas ejercer el día de mañana un necesario liderazgo docente que, en palabras del autor, significa «activar a un grupo de personas mediante una estrategia definida y orientada al aprendizaje». Emocionándolas por el camino, haciendo que se pongan nerviosas por la espera, porque independientemente del rojo o azul de la tinta, nunca olvidamos lo que aprendemos con placer.

Ahora, el placer de la lectura y el aprendizaje son tuyos. Disfrútalos.

Raquel Roca
Periodista especializada en el futuro del trabajo
Autora de *Knowmads* y *Silver Surfers*

INTRODUCCIÓN

Te propongo comenzar con un ejercicio.

Piensa en un maestro o en una maestra que hayas tenido a lo largo de tu vida. Puede ser alguien de tu etapa escolar o de tu formación reglada en cualquiera de sus niveles, o puede ser una de esas personas que por alguna razón ha sido relevante en tu carrera profesional. Tómate unos segundos para fijarlo en tu mente...

¿Ya? ¿Lo tienes?

...recuerda cómo era físicamente. Da igual el tiempo que haya pasado desde la última vez que viste a esa persona. Han podido pasar horas, días o años, no importa... deja que tu memoria vaya vistiendo los recuerdos que surjan.

Descríbela, en silencio, en tu mente. El color de su pelo, su cara, sus ojos, su expresión. Su cuerpo. Recuerda su manera de andar, de moverse. Sus brazos, sus piernas. Su manera de vestir... Tómate el tiempo que necesites, merece la pena...

...recuerda sus expresiones, sus gestos, su mirada, su tono de voz, su forma de hablar. Su manera de dirigirse a los demás, a su alumnado, a sus compañeros. Su manera de dirigirse a ti...

¿Lo tienes?

...recuerda su manera de hacer las cosas, de presentar un contenido, su estilo a la hora de explicar, de resolver dudas y de dar respuestas...

...recuerda su nombre...

...recuerda las sensaciones que esa persona generaba en ti. Y las que genera hoy.

¿Tienes alguna idea de por qué esa persona ha aparecido en tu mente al hacer este ejercicio?

¿PARA QUÉ TE PUEDE SERVIR ESTE LIBRO?

A ver, y que quede claro desde el principio. Lo importante de este libro no es lo que yo te diga, sino lo que seas capaz de hacer con lo que yo te diga. Lo que tú elabores, lo que crees, lo que te inventes y lo que construyas. A tu manera.

La intención de este libro es darte una serie de pautas que te puedan servir de referencia y apoyo a la hora de preparar e impartir una formación. Algunas son heredadas de mis propios procesos de aprendizaje, de formadores y formadoras que me han ido dejando parte de su legado para hacer mejor mi trabajo. Otras me las facilitaron mis alumnos, mis alumnas y mis compañeros, que fueron modelando mi actuación docente y me fueron descubriendo cómo soy realmente cuando diseño y facilito una formación, cómo es mi marca personal docente. Y otras las fui elaborando yo mismo guiado por los retos que se me iban presentando, las situaciones complicadas y la propia experiencia.

Lo que te puedo asegurar es que todo lo que vas a leer está probado y comprobado. Así es como yo hago las cosas, y precisamente lo que pongo a tu disposición es mi manera de afrontar un proceso formativo. Por eso, nada de lo que vas a leer es ley, ni verdad absoluta; todo es rebatible y cuestionable... y, por supuesto, si encuentras maneras de mejorar todo esto, siéntete con la libertad de hacerlo... ¡y compartirlo ;-) !

Con este libro podrás:

- Diseñar, facilitar y evaluar experiencias de aprendizaje.
- Mejorar tu marca personal docente.
- Tomar conciencia y desarrollar tu identidad docente.

- Afrontar una situación en la que tienes que preparar una formación y no sabes cómo hacerlo, por dónde empezar, etc.
- Mejorar tu actuación docente, si ya eres formador o formadora.
- Gestionar la sensación de no estar preparado para desarrollar un proceso formativo.
- Obtener claves prácticas que te permitan dar una formación.
- Detectar necesidades formativas.
- Formular objetivos formativos.
- Seleccionar los contenidos adecuados.
- Diseñar una formación.
- Impartir una formación.
- Mejorar tu comunicación docente.
- Conocer los principios básicos para gestionar un grupo de aprendizaje.
- Diseñar sesiones formativas efectivas, organizando los contenidos y actividades en un entorno presencial o virtual.
- Poner en marcha y gestionar actividades.
- Evaluar una formación.
- Optimizar recursos, tiempo y esfuerzos a la hora de desarrollar una formación.
- Dinamizar un proceso formativo o mejorar tu manera de hacerlo.
- Desarrollar formaciones memorables facilitando el aprendizaje de tu alumnado.

AVISO A NAVEGANTES

Apunta George Siemens, experto en enseñanza en la era digital, que «la tecnología ha reorganizado la forma en la que vivimos, nos comunicamos y aprendemos». Además, con la irrupción de la pandemia por coronavirus en nuestras vidas, se ha acelerado la transformación de los modelos formativos.

Lo que era tendencia ya es realidad. Las distintas modalidades de formación (presenciales, *e-learning* y mixtas) seguirán coexistiendo, pero con un peso oscilante y de una forma más interrelacionada. Cada modalidad formativa representará una manera distinta de dar respuesta a la necesidad que se plantee; por tanto, habrá que considerar el objetivo y el contexto en cada caso para determinar la mejor y más eficiente opción posible.

Las personas que faciliten procesos formativos deberán moverse, adaptarse y combinar con soltura las posibilidades que ofrecen unas y otras modalidades. En este sentido, debes tener en cuenta que no es igual nadar que correr, pero, ojo, para ambas actividades hay que mover los mismos músculos, y este va a ser el enfoque que voy a compartir contigo: necesitamos ganar fuerza y flexibilidad para ejercitar nuestra competencia docente y adaptarla de la forma más ágil posible al entorno en el que nos encontremos, bien sea físico, digital o combinado.

Ten paciencia y pon el foco en lo que toque hacer en cada momento; diseñar una formación es un proceso complejo que trataremos de hacer sencillo. Vas a trabajar con muchos momentos, variables y tareas que se van a solapar entre ellas, pero necesitamos verlas por separado para entender bien su utilidad y sus dinámicas. Luego haremos que las piezas encajen para generar la mejor experiencia de aprendizaje posible

No caigas en el error de priorizar las variables técnicas sobre las pedagógicas; sería como si para preparar una llamada nos preocupásemos más de conocer a fondo cómo funciona el teléfono que de a quién vamos a llamar y qué vamos a decirle.

Tampoco pienses que la formación *online* es una réplica de lo que se hace en formación presencial, pero en digital. A ver, ¿tienen similitudes? Muchas, sobre todo en su diseño, pero difieren a la hora de implementarlas y en el desarrollo de la metodología.

Vamos a tomar consciencia y perspectiva, vamos a redefinir el rol del formador, vamos a trabajar con todas las posibilidades que los distintos entornos nos ofrecen. Vamos a crecer en este proceso... y con todo esto, vamos a facilitar el aprendizaje, el nuestro y el de las personas a las que acompañemos.

CÓMO UTILIZAR ESTE LIBRO

Por supuesto con libertad, flexibilidad y creatividad. El libro es tuyo y todo lo que lleva dentro (y fuera) también. Así que sácale todo el partido posible.

Puedes leer el libro de forma continua o puedes utilizarlo de forma puntual, como material de referencia, localizando aquello que necesites en cada momento para apoyar el diseño de tus experiencias de aprendizaje.

Te animo a que apliques su contenido a tu manera, adaptándolo al contexto en el que te encuentres. Debe ser así. Reinvéntalo con tu propia experiencia y descubrimientos. Será de esta manera como habremos alcanzado el objetivo. El tuyo y el mío.

Estructura

El libro es un viaje con cinco estaciones. En la primera definiremos el punto de partida y prepararemos el equipaje. En las tres siguientes viajaremos por tres momentos: lo que hacemos antes de una formación, durante la formación y después de la formación. En la última, encontrarás una estación de refresco con algunas ayudas y refuerzos.

- **Primera parte: contexto. «Una formación con marca propia».** Para que puedas desarrollar tu competencia docente con un impacto positivo y memorable. Tus competencias serán tu equipaje, un equipaje dinámico y en mejora continua.
- **Segunda parte: antes de la formación. «Diseñando la propuesta formativa».** Para que sepas por dónde tienes que empezar y qué pasos dar en el diseño de la formación.
- **Tercera parte: durante la formación. «En el aula».** Para que actives las mejores estrategias para poner en marcha la formación y facilitar la experiencia de aprendizaje, se trate de un aula física o virtual.

- **Cuarta parte: después de la formación. «Ahora empieza todo».** Para que sepas cómo cerrar el proceso de forma adecuada y valorar los resultados y los efectos de tu propuesta formativa.
- **Quinta parte: anexos.** Para que puedas apoyarte y enfocar tu desempeño docente.

Microlearning y plantillas

Además de todo lo anterior, a lo largo del libro encontrarás dos tipos de recursos externos:

- Quince piezas de *microlearning*, en formato vídeo, con el objetivo de consolidar el contenido y resaltar las ideas fuerza de cada capítulo.
- Plantillas de trabajo para que puedas aplicar de manera práctica algunos de los contenidos que se desarrollan. Puedes utilizarlas bien como recurso directo, como guía sobre cómo hacer las cosas, o como referencia a la hora de dar los pasos que necesites en el diseño, implementación y evaluación de tu formación.

Guía rápida

En el anexo I, encontrarás una guía rápida que recoge de forma breve y focalizada los pasos para programar una formación secuenciados en nueve momentos. Tiene la finalidad de facilitar el diseño ágil de una formación siguiéndola paso a paso.

UNA FORMACIÓN CON MARCA PROPIA

1
FACILITANDO EL CAMBIO

 OBJETIVO DEL CAPÍTULO: Tomar conciencia del impacto de la formación en los procesos de cambio y desarrollo de personas y organizaciones, y conocer el perfil del formador 5.0 para facilitar experiencias de aprendizaje efectivas.

1. MAÑANA TIENES QUE DAR UN CURSO... SÍ, TÚ

No sé si alguna vez has estado en esa situación en la que tienes que preparar e impartir una formación, bien porque tú lo hayas provocado, bien porque te lo hayan pedido. Tampoco sé cómo te has tomado este reto, si te ha resultado estimulante o estresante, si lo has vivido como una oportunidad o como una condena.

La verdad, da igual, porque este libro se dirige tanto a aquellas personas que nunca han impartido una formación y se ven en la situación de tener que hacerlo como a las que ya imparten formación y están interesadas en desarrollar su competencia docente por tener una motivación genuina en ello o porque les han cambiado el escenario y requieren una necesaria adaptación.

Es más, también se dirige a aquellas personas que nunca se han planteado, por la razón que sea, impartir una formación. Y es que, en estos tiempos, nadie está libre de encontrarse con la necesidad de transferir una serie de conocimientos, habilidades y actitudes a otras personas.

2. CONSIDERA EL ESCENARIO

Piénsalo bien, toma perspectiva. Vivimos en una sociedad que considera el conocimiento una forma de capital; en un sistema que necesita precisamente que el conocimiento circule, se actualice, se metabolice y deje paso a la siguiente remesa de conocimiento en un ciclo continuo y sin final.

Nuestro momento es histórico y de consecuencias impredecibles. Vivimos en un escenario en el que las estructuras sociales y económicas se están moviendo y, al mismo tiempo, jamás hemos tenido tanta información circulante, tanto conocimiento disponible, así que optimizarlo otorgará una clara ventaja competitiva a las organizaciones, empresas y personas que sepan hacerlo.

Así, tomar parte activa en este sistema marca la diferencia. Hay muchas formas de hacerlo: puedes generar conocimiento nuevo, ser un excelente y necesario curador de contenidos o, por qué no, ser quien cocina todos esos conocimientos para ponerlos a disposición de los demás facilitando su transmisión y digestión. Esto último, a través de las experiencias de aprendizaje que tú facilites.

El conocimiento nuevo desplaza al antiguo a una velocidad vertiginosa, los cambios se suceden tan rápido que nos falta capacidad de gestión para acomodarnos al ritmo de nuestras propias circunstancias. Esta situación nos obliga a estar en modo beta permanente, en modo de aprendizaje continuo, por lo que más que nunca se necesitan facilitadores y facilitadoras de procesos de aprendizaje.

La vida útil del conocimiento, desde que se aprende algo hasta que deja de servirnos, es cada vez más corta, y esta acelerada fecha de caducidad requiere métodos que permitan restaurar el equilibrio con agilidad, metodologías sencillas y eficaces que permitan al formador responder con rapidez a la demanda que le formulen. Pero no como un mero transmisor de conocimiento, pues esto ya no es suficiente, sino como agente de generación de cambios.

Es evidente que saber diseñar, facilitar y evaluar una acción formativa no te va a salvar de sufrir las turbulencias del mercado profesional en el que habitamos, pero no te quepa la menor duda de que saber hacerlo incrementará tu propuesta profesional y te proporcionará un valor añadido.

Conocer claves metodológicas para diseñar y facilitar experiencias de aprendizaje en entornos presenciales y virtuales convierte a los profesionales en estratégicos agentes de cambio.

3. QUIEN ENSEÑA APRENDE DOS VECES

En el mundo del aprendizaje continuo, la frase atribuida a Joseph Joubert «quien enseña aprende dos veces» cobra un sentido especial y coloca a las personas facilitadoras del aprendizaje en una posición estratégica. Estas personas serán capaces de:

- Detectar necesidades en su entorno.
- Convertir esas necesidades en objetivos de aprendizaje.
- Diseñar las estrategias adecuadas para alcanzar esos objetivos y satisfacer esas necesidades.
- Temporalizar acciones individuales y colectivas.
- Identificar y gestionar recursos.
- Comunicar un mensaje haciéndolo accesible a los demás.
- Empatizar con otros profesionales.
- Relacionarse con una diversidad de personas en una diversidad de situaciones.
- Actuar desde el respeto y la tolerancia frente a posiciones divergentes.

- Escuchar a los demás.
- Respetar los ritmos ajenos.
- Gestionar a un grupo.
- Conciliar intereses.
- Generar participación.
- Actuar asertivamente.
- Gestionar conflictos y afrontar situaciones difíciles.
- Estimular, apoyar y facilitar los procesos de aprendizaje de otras personas.
- Generar cambios.
  Integrar el aprendizaje continuo como estilo de vida.

4. TU PROPIO PROCESO

¿Y sabes lo mejor? Pues que estas competencias para la docencia son entrenables y están al alcance de quien se lo proponga. No te digo esto porque lo suponga o imagine, sino porque lo he visto.

El día que escribo este párrafo contabilizo desde 1999 más de once mil horas de formación impartida y de acompañamiento en procesos colectivos e individuales, de las cuales más de cinco mil setecientas corresponden al área de la metodología didáctica y la formación de formadores. Específicamente, calculo que algo más de cuatrocientas personas se han podido formar conmigo en proceso de formación de formadores, lo que significa que habré podido, entre otras cosas, visualizar algo más de mil doscientas simulaciones docentes.

Entre mis alumnos y alumnas he visto a personas extrovertidas e introvertidas, con carrera y máster y con la única escuela que la que le dio su oficio aprendido desde la experiencia, recién tituladas y a punto de jubilarse; he visto a gente que buscaba su primer trabajo y a profesionales que pretendían reinventarse; a carpinteros, abogados, cocineros, reposteros, economistas, psicólogos, cocineros, pasteleros, comerciales, mediadores, administrativos, electricistas, ferrallistas, periodistas, biólogos, sociólogos, arquitectos, aparejadores, maestros, diseñadores gráficos, prevencionistas, secretarios, camareros, albañiles, sastres, patronistas, directores, jefes de equipo, profesores de autoescuela, restauradores, informáticos, fotógrafos, artesanos, masajistas, ambientólogos, filólogos, historiadores y hasta a una cortadora de jamón... entre otros, entre otras.

He visto a personas diferentes. Con formas de ser distintas. Con sus miedos y sus vulnerabilidades. Con sus ilusiones y sus sueños. Con sus retos, sus nervios y su capacidad de superación. Con sus estilos de aprendizaje y sus manías. Pero todas con un denominador común: ganas de aprender para enseñar.

Eran ganas en algunos casos genuinas y en otros generadas en la experiencia formativa. Ganas que se transformaban en un proceso de desarrollo personal, día a día, actividad tras actividad, simulación a simulación. Ganas que las convertían en excelentes docentes, personas responsables y comprometidas. Ganas que demostraban que ser un buen formador está al alcance de quien se lo proponga (y se lo trabaje).

5. LOS FORMADORES Y FORMADORAS 5.0

Necesitamos reenfocar nuestras competencias para la formación, redefinir un perfil que permita crear un contexto de aprendizaje para que las personas desarrollen sus capacidades en la mejora de su desempeño.

Los formadores y formadoras 5.0:

- **Son agentes de cambio.** Transforman el conocimiento en procesos de aprendizaje que permiten a las personas responder con agilidad y efectividad a las demandas del entorno.
- **Diseñan y facilitan experiencias de aprendizaje.** Convierten el aprendizaje en una experiencia para las personas y los equipos. Se aprende lo que se vive y se experimenta, lo que se descubre, se siente, se comprueba y se prueba.

- **Poseen una competencia profesional híbrida.** Facilitan experiencias de aprendizaje en contextos presenciales y en línea, son capaces de adaptarse y de combinar con soltura ambos entornos, generando sinergias entre el mundo físico y el digital al servicio de las personas.
- **Son empáticos, asertivos, creativos y flexibles.** Convierten las necesidades en objetivos de aprendizaje, comunican con honestidad, no se conforman ante las dificultades y adaptan sus propuestas con un sentido práctico a la realidad de las personas.
- **Generan autonomía y responsabilidad.** Favorecen en las personas el dinamismo, la proactividad y la transferencia del aprendizaje a sus vidas.
- **Están conectados y en continuo aprendizaje.** Mantienen su entorno y su red personal de aprendizaje abiertos, conectados y en desarrollo continuo.

Líneas estratégicas de este capítulo

⊂◯ La vida útil del conocimiento, desde que se aprende hasta que deja de servir, es cada vez más corta.

⊂◯ Vivimos en un contexto que necesita que el conocimiento circule, se actualice, se metabolice y deje paso a la siguiente remesa de conocimiento en un ciclo de continuo aprendizaje.

⊂◯ En un mundo en modo beta permanente se necesitan personas facilitadoras de experiencias de aprendizaje que actúen como agentes de generación de cambios.

⊂◯ Conocer claves metodológicas para diseñar y facilitar procesos formativos en entornos presenciales y virtuales convierte a los profesionales en estratégicos agentes de cambio y transmisión de conocimientos.

2
IDENTIDAD DOCENTE

 OBJETIVO DEL CAPÍTULO: Diseñar y activar una propuesta de valor docente que facilite el aprendizaje de personas y equipos, dejando una huella positiva y memorable.

1. PERFIL DEL FORMADOR

Cabeza, corazón y estómago

Puedo recordar perfectamente la primera definición de *formador* que me dieron. Cuando digo que puedo recordarla me refiero a que casi puedo ver dónde estaba sentado y dónde estaba la formadora y oler la tinta del bolígrafo con el que la escribía en mi cuaderno... (bueno, esto último es un poco exagerado, pero es que casi es así, en serio).

Más que una definición es una fotografía, pero os puedo asegurar que no he encontrado a lo largo de estos años una imagen más real e ilustrativa de lo que significa este trabajo.

Pertenece a J. P. Grappin, quien textualmente dice de los formadores que **«son unas mujeres y unos hombres que han de tener: algo en el cráneo, algo en el estómago y algo en el corazón».**

«[...] **algo en el cráneo** [...]» respecto al fondo y a la forma, esto es: tenemos que saber de lo que estamos hablando, conocer los contenidos que desarrollamos, la práctica de lo que explicamos, la materia que vamos a compartir, etc., y al mismo tiempo, saber organizarla, contextualizarla, planificarla y expresarla para hacerla accesible a los alumnos, aclarando dudas y facilitando su adquisición.

«[...] **algo en el estómago** [...]» que nos permita gestionar adecuadamente a las personas con las que vamos a trabajar y a acompañar al grupo conformado por sus individualidades. Será un grupo frente al que estarás tú, canalizando dudas, energías, participaciones e intereses, como quien dirige una orquesta emocional en la que cada uno se ha traído su instrumento y todos tenemos que hacer música.

«[...] **algo en el estómago** [...]» para conducir al grupo hacia un objetivo común, dejando margen de maniobra para que cada persona participe, aporte, cuestione y desarrolle a título individual.

«[...] **algo en el estómago** [...]» para alinear los intereses colectivos con los individuales y los objetivos propuestos. No es fácil, no es imposible, y es bastante hermoso para todos cuando ocurre.

«[...] **algo en el corazón**» porque no se nos puede olvidar jamás que estamos trabajando con personas. Con personas que, de manera obligatoria o voluntaria, a gusto o a disgusto, ponen a disposición su tiempo y energía para escucharte y hacer tus actividades, dinámicas, ejercicios, etc. Estamos trabajando con personas, con sus emociones, miedos, fortalezas y debilidades. Personas con procesos de aprendizaje diferentes, algunas más abiertas, otras más cerradas, algunas con poca tolerancia a la frustración, otras con prisas y la mayoría con la necesidad de aprender algo útil.

Trabajamos con personas a las que tendremos que apoyar (a todas, sin excepción), aceptar, dar seguridad, evaluar y corregir, como dice Grappin «sin confundir lo que les interesa con lo que es de su interés», manteniéndonos en nuestro sitio con toda la humanidad necesaria y basando nuestro trabajo en la generosidad, el respeto y la disponibilidad.

...

¿Qué tal?, ¿Cómo te quedas?

¿Te ajustas a este perfil? ¿Puedes ajustarte de algún modo? ¿Te dejo un rato para que te lo pienses y le des una vuelta?

...

¿Ya? ¿Seguimos?

...Sigamos.

Operativizar todo lo anterior es posible; si no, no estaría escribiendo esto. Para ello necesitaremos una serie de aptitudes y actitudes que permitan dar soporte a este perfil. Ahora bien, puedes estar tranquilo, no se trata de ser un superformador que sea el orgullo del mismísimo Grappin, no es eso...

No se necesitan formadores perfectos e infalibles (básicamente porque no existen), sino formadores y formadoras fiables, con marca propia; personas auténticas, humanas y que tengan en el horizonte la posibilidad de evolucionar continuamente en su propio desempeño y, mientras, que pongan en marcha de la mejor manera posible lo que tengan en su cráneo, estómago y corazón.

Por ello, es importante que sepas localizar en tu repertorio de aptitudes y actitudes aquellas que te facilitarán el ejercicio de tu función docente. Serás tú el que entre en el aula, no Grappin (bueno, vamos a dejar tranquilo ya a este hombre) ... En fin, lo que te decía: serás tú quien tenga que diseñar, liderar y desarrollar el proceso formativo, por lo que no tiene mucho sentido que te ofrezca una lista prefabricada de cualidades a las que tienes que someterte para que todo salga bien.

Plantilla: Mapa de fortalezas y aprendizajes

Resulta más efectivo que trates de configurar tu mapa de recursos y fortalezas a la hora de impartir y desarrollar una formación.

Lo que quieren de ti

Es esencial desde el inicio no perder el norte. Considerar, en definitiva, qué quieren realmente de ti tus alumnos.

Evidentemente ni soy adivino ni tengo idea de qué es lo que te escribirían en un papelito los alumnos de tu próxima formación si les hiciéramos esta pregunta. Lo que sí puedo es compartir mi aprendizaje en este sentido; un aprendizaje cocinado a fuego lento, que fue disipando a lo largo del tiempo muchos temores iniciales y algunas incertidumbres.

La gente quiere que hagas tu trabajo lo mejor que sepas; que te comprometas con el proceso, que la va a mantener un puñado de horas trabajando, a tu disposición. Si te comprometes con el proceso, te estás comprometiendo con ella, y eso no tiene precio.

La gente quiere que le des valor a tu trabajo docente, porque cuando le das valor a tu trabajo, le estás dando valor a ella, su tiempo, su energía y sus esfuerzos.

Tu alumnado quiere que seas una persona rigurosa, pero no que lleves el rigor a un extremo que lo deje sin margen de maniobra posible. Tus alumnos quieren tener libertad y participar en su proceso de enseñanza-aprendizaje, pero valoran igualmente que existan unas pautas y normas comunes que arbitren la situación para que el proceso sea efectivo.

La gente quiere que te salgan bien las cosas. No tiene el foco en la posibilidad de que te caigas o algo te falle; es más, si eso ocurre, la gente colaborará para subsanar esa incidencia... y no le prestará más atención, sin más. Insisto: a la gente le gusta que te salgan bien las cosas y te encontrarás con más ayudas que obstáculos en este sentido.

El acto formativo no es un teatro, no es un espectáculo, no es una función... es algo real. La gente quiere que seas honesto, que no finjas, que no sobreactúes. Quiere que hagas tu trabajo, con respeto y tolerancia, con asertividad y empatía.

La gente quiere que tengas una propuesta de valor y que la articules sin ningún tipo de reserva.

2. PROPUESTA DE VALOR DOCENTE

Propuesta de valor

Es el conjunto de variables personales y profesionales que combinadas entre sí te posicionan como opción preferente para un determinado público objetivo. Es aquello que hace que se decanten por ti.

La propuesta de valor se define por la descripción de los beneficios que generas en las personas, los que se esperan y los que se encuentran.

La creación de valor es un proceso fascinante. Por un lado, en el ámbito interno tendrás que conocer y conjugar tus patrones de creación de valor; por otro, una propuesta de valor se diseña pensando en los demás, lo que en el ámbito externo implica un potente ejercicio de empatía.

Así todos ganan: gana quien propone, gana quien recibe.

¿Qué es la propuesta de valor docente?

Tener un buen posicionamiento en la mente de tu alumnado es como disponer de una autopista abierta y despejada a la hora de facilitar una experiencia de aprendizaje. Por lo que eres y representas, te lo pondrán fácil.

Pero esto no es gratis, tiene que ver con la propuesta de valor docente, y si no se cuida y se mantiene, se echará a perder más pronto que tarde.

La propuesta de valor docente es el conjunto de variables personales y profesionales que, combinadas entre sí, te posicionan como opción preferente por las necesidades que satisfaces y los beneficios que generas a través de las experiencias de aprendizaje que diseñas y facilitas en el alumnado, en otros docentes y en las organizaciones. Es el valor que creas, el cambio que posibilitas, el aprendizaje que generas.

Si eres formador, no les digas a tus alumnos lo bueno y lo valioso que eres; demuéstraselo con evidencias, deja que tu trabajo hable. Acabarán eligiéndote. No te vendas; crea el contexto para que descubran la riqueza que generas en ellos mismos y te tendrán como referente. Ni siquiera instrumentalices los halagos que recibas porque desvirtualizarás su valor.

Plantilla: Propuesta de valor docente

Una propuesta de valor docente se percibe a través de la actuación docente, satisface necesidades, resuelve problemas y capitaliza a quien la recibe.

Venga, dale una vuelta. ¿Tienes una propuesta de valor docente definida? ¿Qué orienta tus conductas en el aula? ¿Qué piensan tus alumnos y alumnas de ti? ¿Sabes comunicarla adecuadamente?

3. MARCA PERSONAL DOCENTE

Una cuestión de marca personal

Como ya te comenté, llevo un par de décadas facilitando acciones de formación de formadores. En este camino, desde 2009 comencé también a impartir formación al profesorado de enseñanza reglada de todos los niveles educativos en el desarrollo de otras competencias profesionales (trabajo en equipo, *coaching,* inteligencia emocional para docentes, gestión de conflictos en el claustro, etc.). Esto me ha permitido tener una visión más completa del ejercicio de la docencia en contextos muy distintos (públicos, privados, educativos, formativos, etc.).

Pues bien, una de las circunstancias que más se repiten y me llaman la atención cuando trabajo con docentes, vaya al lugar al que vaya en el contexto que sea, es la siguiente: mismo lugar, mismo entorno, mismo contexto social, mismos alumnos, mismo centro, mismos recursos (muchos o pocos, da igual en este caso), incluso mismo equipo directivo o misma materia... distinto docente = distinto resultado.

¡OJO! **DISTINTO DOCENTE = DISTINTO RESULTADO.**

Quizás te parezca algo evidente y *a priori* sea una idea que no te diga nada. A mí me fascina. Lo sé, no estoy descubriendo la pólvora.

Puede parecerte redundante que te diga que la docencia es una de las profesiones con más impacto en las personas y que el estilo propio de cada docente repercute directamente en los procesos de aprendizaje de todos y cada uno de los alumnos y alumnas a los que atiende. Ya, sé que no es nada nuevo, pero en serio, ¿no te parece alucinante?

Y es que la docencia es un ejercicio precisamente dedicado a eso, a dejar un rastro en forma de aprendizaje que, en el mejor de los casos, además puede dejar una huella inspiradora, y en el peor, alguna de esas heridas que curan mal. Es así. ¿Recuerdas el ejercicio con el que abríamos el libro? Haz memoria en tu histórico emocional; seguro que tendrás más de un ejemplo sobre esto que te cuento.

En ese primer ejercicio pudiste recordar a una de esas personas referentes y entrañables; una de las que te inspiró, sacó lo mejor de ti, te hizo evolucionar y te facilitó tu crecimiento personal, académico o profesional. O también pudiste recordar a alguien que aparece en tu memoria por todo lo contrario. Ambas tienen su propia marca, fuerte y consolidada; ambas dejaron su rastro.

¿Qué es la marca personal docente?

Tiene que ver con la idea que le viene al alumnado, a los compañeros y a quienes participan de alguna manera en el proceso formativo cuando piensan en el docente. Me refiero a esa idea rápida y vertiginosa, emocional, no meditada, que aparece espontáneamente en la mente de los demás y condiciona el proceso de enseñanza-aprendizaje y las relaciones que lo acompañan.

La marca personal docente es la sensación que emerge en los otros y que sin palabras recoge aquello en lo que destaca el docente (sea bueno o malo): sus valores, sus habilidades, sus conductas.

La marca personal docente no trata de que sepas venderte ni de que te compren, sino de la posición que ocupas en la mente de tu alumnado y tus compañeros por tu forma de ser, estar y hacer, siendo (en el mejor de los casos) una persona reconocida y elegida por las demás como facilitadora de sus experiencias de aprendizajes.

Personal branding, estrategia de gestión de la formación

¿Cómo puedes contribuir a que la percepción que los demás tienen de ti sea positiva? A ver, partimos del hecho de que es imposible tener garantías de que la percepción que tienen los demás sobre nosotros sea la que nosotros queramos.

Ahora bien, las personas son permeables a lo que ocurre en su entorno y en especial a los impactos que los demás generan de manera continua. Así, lo que tú hagas y cómo lo hagas también influirá en la imagen que los otros se hagan de ti.

El *personal branding* es el proceso de gestión consciente de nuestra propuesta de valor para contribuir a que esta percepción sea positiva y perdurable, genere confianza y seamos elegidos por los demás.

En la formación implicará el conjunto de acciones que llevaremos a cabo para desarrollar nuestra competencia docente de una forma efectiva, memorable y trascendente.

Plantilla: *Personal branding* para la formación

El éxito del proceso

El éxito de un proceso formativo radica en lo que el alumno termina aplicando y replicando en el futuro, mejorando con ello su práctica profesional, las soluciones que articula y la manera de responder ante distintos problemas, hechos o circunstancias que se le presenten. La experiencia formativa habrá podido ser más o menos agradable, divertida, amena o aburrida, pero su valor siempre se manifestará en el futuro.

¿Qué respuestas genera el proceso de aprendizaje en la persona? ¿Qué es capaz de hacer la persona tras el proceso formativo? ¿Qué ha mejorado? En estas respuestas está la clave del éxito de la formación.

Seremos mejores profesionales cuanto más aprendizaje seamos capaces de generar de una forma saludable y sostenible. Seremos mejores docentes cuanto más facilitadores seamos. Somos un medio, un canal por el que viaja y se transforma el conocimiento para hacerlo accesible y útil a nuestro alumnado.

En formación debemos procurar ser memorables por lo que fuimos capaces de generar, por el aprendizaje que facilitamos. Lo que somos y hacemos no es lo importante, no debe ser el centro. Un docente nunca puede ser más protagonista que sus alumnos, ni siquiera que sus contenidos. Ni siquiera sus actividades deberían distraer atención de lo esencial, ya que la anécdota se comería lo relevante.

Un proceso formativo será exitoso si deja la huella adecuada. Y sin duda, el aprendizaje es la mejor huella que puede quedar tras una experiencia formativa.

4. EL VIAJE QUE NOS QUEDA... ¿VAMOS?

Este es el viaje que te propongo, el de la activación de tu propuesta de valor docente a través de las experiencias de aprendizaje que diseñes y facilites.

Recuerda que no queremos diseñar una formación cualquiera, sino una que sea memorable y con marca propia. Desde tu manera de ser y hacer, con lo que sabes, con tu estilo de trabajo, tu estilo de comunicación, tu manera de relacionarte, te facilitaré estrategias que te permitan generar experiencias de aprendizaje memorables y efectivas.

Este es el viaje que te propongo, en el que tendrás que descubrir, hacer, construir, inventar... porque no cabe ninguna duda de que las cosas como mejor se aprenden es haciéndolas. ¡Vamos!

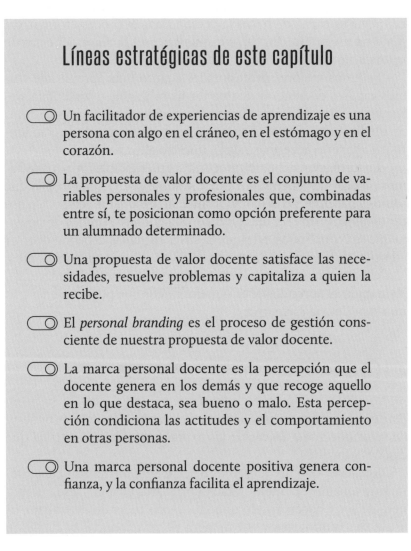

Líneas estratégicas de este capítulo

- Un facilitador de experiencias de aprendizaje es una persona con algo en el cráneo, en el estómago y en el corazón.

- La propuesta de valor docente es el conjunto de variables personales y profesionales que, combinadas entre sí, te posicionan como opción preferente para un alumnado determinado.

- Una propuesta de valor docente satisface las necesidades, resuelve problemas y capitaliza a quien la recibe.

- El *personal branding* es el proceso de gestión consciente de nuestra propuesta de valor docente.

- La marca personal docente es la percepción que el docente genera en los demás y que recoge aquello en lo que destaca, sea bueno o malo. Esta percepción condiciona las actitudes y el comportamiento en otras personas.

- Una marca personal docente positiva genera confianza, y la confianza facilita el aprendizaje.

SEGUNDA PARTE

DISEÑANDO LA PROPUESTA FORMATIVA

3

¿POR DÓNDE EMPIEZO?

 OBJETIVO DEL CAPÍTULO: Conocer el contexto de la formación, identificar las necesidades formativas y priorizarlas valorando su efecto en el proceso de aprendizaje.

1. SITUÁNDONOS

Hay un fenómeno que no deja de llamarme la atención cuando alguien se encuentra ante el reto de impartir una acción formativa, sobre todo la primera vez o las primeras veces. Es algo que se repite de forma recurrente.

Me refiero al síndrome «cuanto más, mejor», que consiste en acumular compulsivamente cualquier tipo de información sobre la materia que vas a impartir; toda la información que puedas en el formato que sea (libros, artículos, recortes, apuntes, páginas web, etc.); cualquier cosa que consideres que tiene una relación directa o indirecta con el tema que vas a dar y que crees que te podrá venir bien en algún momento.

Si el síndrome «cuanto más, mejor» es una de las peores trampas que nos podemos tender a nosotros mismos, sus efectos son demoledores cuando se mezcla con el «por si acaso», similar a preparar dos maletas de veinte kilos de equipaje para pasar un fin de semana.

Al final, te encuentras con más información de la que puedes digerir, y el resultado es un empacho nada agradable. La imagen de tu sitio de trabajo lleno de libros y apuntes por todos lados no es nada alentadora. La acumulación de materiales físicos o digitales termina por resultarnos abrumadora. Le pegas un bocado a uno, luego vas a otro, mordisqueas, engulles y ni te enteras de lo que estás comiendo. Al final, terminas con una sensación de bloqueo que se convierte en angustia cuando te das cuenta de que el coste de tiempo y energía de esta estrategia acumulativa es mucho mayor del que te puedes permitir.

La creencia «cuanto más sepa, más seguridad tendré» puede llevarnos a devorar información sin masticarla y sin saber muy bien para qué. A ver, por supuesto que cuanto más conocimiento tengo sobre algo más seguro me sentiré, pero sobre todo si sé utilizarlo. Además, normalmente no tenemos tres meses de dedicación exclusiva para preparar y facilitar una formación, así que tenemos que optimizar tiempo, recursos y energías, y empezar a acumular contenidos no es la mejor estrategia... como tampoco es lo mejor empezar haciendo el PowerPoint, aunque de esto hablaremos más tarde. Pero vamos, queda dicho. Tampoco empieces haciendo el PowerPoint, por favor.

A lo largo de los siguientes capítulos vamos a tratar de establecer una secuencia de trabajo óptima. Es importante que te enfoques en cada una de sus fases que respetes los tiempos de trabajo y que tengas en cuenta los solapamientos pertinentes que se darán entre ellas, de forma natural, en el proceso.

La secuencia que vamos a desarrollar es sencilla y estará pautada:

• Primero, debemos conocer el contexto de la formación e identificar las necesidades.

- Una vez identificadas las necesidades, las convertiremos en objetivos formativos.
- Con los objetivos formativos claros, podremos seleccionar qué contenidos necesitaremos para alcanzarlos.
- Y cuando tengamos los contenidos, diseñaremos la estrategia para generar la mejor experiencia de aprendizaje.

En este capítulo empezaremos por el primer punto... ¡Vamos allá!

2. ¿QUIÉN TE LLAMA? ¿PARA QUÉ TE LLAMAN?

El contexto es la referencia

Plantilla:
Contexto y
condiciones de
contorno

Nuestra primera tarea será conocer cuál es el contexto en el que vamos a desarrollar nuestra acción formativa.

El contexto de la acción formativa vendrá determinado por las circunstancias que desencadenan el proceso formativo y las personas que participarán en él (promotores, gestores y alumnado), además del momento y el entorno en los que ejecutaremos la formación.

A veces, para determinar el contexto de la formación solo tendrás que hacer una simple llamada o reunión por videoconferencia; otras tendrás que ir al lugar de trabajo del cliente. La naturaleza del encargo te indicará cuál de estos movimientos será el más adecuado.

También es posible que el encargo que te estén haciendo ya lo hayas realizado otras veces, así que de manera intuitiva podrás esbozar el contexto de esa formación, ¡PERO OJO!, no es igual «suponer» que «saber»: si supones las cosas es porque las imaginas, y si las sabes es porque las conoces fehacientemente, y créeme: las suposiciones en formación son un error fatal.

También puede ocurrir que cuando trates de conocer el contexto de la formación consigas muy poca información útil, bien porque no te la den, bien porque no la conozcan. Todo puede pasar, así que tranquilidad, ya verás como al final cualquier detalle que captures, por muy intrascendente que parezca *a priori,* puede resultarte de gran utilidad.

¿Quién te llama?

Responder a esto puede parecer evidente, pero las cosas que parecen evidencias, mientras lo parezcan, son otra forma más de suposición.

¿Quién te hace el encargo para impartir la formación? Y, sobre todo, ¿cómo te lo presenta?

Es relevante conocer si el encargo nos lo hacen una empresa privada, una administración pública (y, en este caso, qué tipo, local, supramunicipal, autonómica, etc.) o nuestra propia empresa; si nos llama una consultora, una empresa de formación que únicamente busca docentes, etc.

Estos datos nos permitirán tener una primera aproximación a la realidad en la que vamos a trabajar. Pon atención: ¿tienen mucha cultura de formación?, ¿imparten muchas o pocas formaciones?, ¿es la primera vez?, ¿cómo buscan y seleccionan a los formadores? No es que tengas que formular estas preguntas directamente a quien te llama; no se trata de eso, sino de que estés atento y después, si lo crees necesario, indagues lo justo para hacerte una idea de con quién vas a trabajar. Tampoco te vuelvas loco con estas preguntas; de momento solo necesitamos una aproximación que nos permita conocer cuál es la música que suena en la casa a la que vamos a entrar a bailar.

Hay una cuestión que también es importante. Quédate con el nombre y la posición de quien te llama o de quien contacta contigo. Es básico. Normalmente será tu vínculo con la entidad, empresa u organización, y seguramente quien te introducirá en ella, quien te ponga en contacto con otros profesionales que colaborarán contigo o incluso quien te provea de recursos.

Esa persona es un contacto clave. Y da igual que te haya llamado por iniciativa propia o porque su superior se lo haya dicho. Eso no importa. De momento, es quien te está abriendo las puertas a esta oportunidad (y probablemente una de las personas que quedarán en tu memoria para siempre). Así que considérala tu primera aliada y empieza a generar una buena comunicación con ella.

Presta atención a cómo nos presentan el encargo, pues es un indicio del tono emocional con el que se percibe la formación desde dentro.

Solo es un indicio, nada más, pero la experiencia me dice que el tono en el que nos presentan la intervención tiene mucho que ver con su contexto real. ¿Es una formación más? ¿Tienen alguna necesidad no resuelta? ¿La formación puede estar generando algún conflicto? ¿No quieren complicarse mucho la vida? ¿Buscan resultados o completar el expediente?

De momento escucha y no te precipites. Ni siquiera saques demasiadas conclusiones, pero no subestimes ningún ruido de fondo que te pudiera llegar sobre el tono de la conversación en la que te están presentando el encargo.

¿Para qué te llaman?

«Para impartir una formación». Bien, vale, ya. Pero necesitamos una respuesta algo más elaborada.

El para qué te llaman de la formación es su propósito o sentido. Ojo, no hay que confundir el «para qué» de la formación con el «porqué» de la formación.

El «porqué» será la lista de razones por las que quieren abordar la formación. Si les dices que te las escriban en un papel, probablemente la mayoría sirva para esa formación y para casi todas las formaciones del mundo; de hecho, serán bastante correctas (por ejemplo: porque queremos actualizarnos, porque necesitamos un cambio, porque queremos cohesionar al equipo, porque todos los años hacemos una formación por esta época, etc.). Normalmente el porqué suele ser el argumentario que te exponen al contactarte.

Por otro lado, el «para qué» encierra la motivación principal y nos mostrará las necesidades latentes que activan este proceso formativo. Esto nos interesa mucho más, ya que será parte del ADN del objetivo formativo que marcará la senda definitiva de todo nuestro trabajo (por ejemplo: para mejorar nuestra competitividad y el desempeño en determinadas tareas, para disminuir los conflictos ...o incluso para agotar una partida presupuestaria, entre otros).

El para qué es muy revelador, pero no siempre se comunica de manera explícita, ni siempre en contextos formales; a veces es más fácil que surja en una conversación de café que en una de despacho.

Retomaremos este punto en la identificación de necesidades formativas.

3. ¿PARA QUIÉN TRABAJAS?

Mirar al alumnado

Quizás pueda resultar controvertido, pero es lo que mejor funciona. Desde el momento en el que cierro un encargo para impartir una formación, mi foco gira al alumnado.

Eso sí, para que esto se pueda dar con tranquilidad y fluidez, previamente es importante que quede muy bien definido tu margen de maniobra, y este lo define quien te paga. Quizás en algún caso podrás negociarlo; luego, lo aceptas o no, es cosa tuya. Ahora bien, una vez que lo has aceptado y has decidido jugar con esas reglas, toca jugar, y jugar lo mejor que sepas. A tope, sin quejas y con enfoque.

Trabajo para mis alumnos y alumnas. Trabajo para aquellas personas que gastan algunas horas de su vida sentándose en una silla, dentro de una habitación o delante de una pantalla para ver qué ocurre, qué les propongo. Son personas que están invirtiendo su energía en manejar su atención para captar los conceptos, desarrollar sus destrezas y modelar sus actitudes. Algunas estarán en la formación porque quieren, otras porque no tienen más remedio, otras irán felices y otras indiferentes; incluso alguna irá enfadada. Da igual, están. Te están permitiendo ejercer tu función docente y descubrirte en una de las facetas más agradecidas que puede desempeñar una persona, la de ser enseñante.

Desde que empieza el juego, trabajas para tus alumnos; a veces incluso antes de haberlos conocidos y de saber cómo serán sus caras. Son las personas receptoras de tu trabajo, aunque no te paguen directamente. Esto es importante, y trabajar desde este enfoque tendrá un impacto crucial en la experiencia de aprendizaje.

Cuidar al cliente

Ahora bien, lo anterior no significa que estemos dejando de lado a nuestro cliente principal y nos pongamos incondicionalmente del lado de los destinatarios directos del proceso. Eso no tendría mucho sentido.

Es conveniente tener claro nuestro papel en la formación. Somos formadores; no somos intermediarios ni los representantes de nadie. Tratar de hacernos valedores de los intereses de unos frente a los de otros o de justificar acciones o contextos que no son de nuestra responsabilidad supone una manera de dañar nuestra credibilidad y cuestionar nuestra marca personal docente.

¿Qué necesita el cliente? En primer lugar, que se respete el propósito de la formación, el objetivo formativo que se ha planteado, con el que se espera dar respuesta a una necesidad. Si te has comprometido a «enseñar a cambiar bombillas», no puedes bascular el contenido por tu cuenta hacia «arreglar interruptores para encender bombillas». No es lo que el cliente te ha pedido. Aunque tú seas el mejor especialista mundial en el «arreglo de interruptores».

En segundo lugar, que seas riguroso respecto a las normas que hacen posible la formación. Imagínate una formación subvencionada o bonificada, con una serie de requisitos en cuanto a horarios, tiempos, materias, etc. Si te saltas todo esto, estás poniendo en aprietos a la entidad que te está contratando, que puede terminar pagando las consecuencias de tu negligencia.

En tercer lugar, cumple con la parte formal, por ejemplo, cuida de los partes de firmas si estás a cargo de ellos, cumplimenta la documentación necesaria que sea de tu incumbencia (en tiempo y forma) y entrega las evaluaciones y los informes que proceda (otra vez, en tiempo y forma). Este tipo de cosas dejan más huella de lo que puedes pensar.

Y principalmente, haz tu trabajo. Hazlo bien porque significará que tendrás un alto índice de asistencia, mucha atención en clase y unos efectos y resultados fantásticos. El retorno que le llegará a tu cliente principal en ese sentido será clave: alumnos agradecidos a los organizadores del curso, objetivos de asistencia y seguimiento superados, más demanda de formación, sensación de «queremos más» y documentación técnica al día y sin lagunas. Todo un tanto a su favor para su marca corporativa gracias a tu intervención. ¡Esto sí es dejar huella!

En conclusión: el foco debe estar en el proceso formativo, mirando al alumno, cuidando al cliente.

4. NECESIDADES FORMATIVAS

Intereses y necesidades

A lo largo de los años me he dado cuenta de la importancia entre distinguir intereses y necesidades y de cómo se nos puede desviar el tiro si confundimos estos términos.

Las necesidades en formación son esenciales, puesto que de ellas emanarán los objetivos que orientarán toda la secuencia posterior. La cuestión es que las necesidades reales y latentes no siempre se expresan, al menos explícitamente, aunque implícita y silenciosamente estén operando durante todo el proceso formativo.

Esto puede representar todo un reto para el formador en el caso de que haya un conflicto de necesidades, algo más habitual de lo que puedas imaginar, como veremos a continuación.

Podemos distinguir por tanto los intereses, razones por las que se considera útil la formación y que entran dentro de lo negociable, de las necesidades, que expresan el propósito que mueve a cada persona que participa del proceso y que tiene que ver con cuestiones subjetivas, creencias, percepciones, etc. y que son difícilmente negociables.

Vamos a verlo con algunos ejemplos que nos permitirán hacernos una idea de hacia dónde tenemos que enfocar nuestra atención en este momento previo al diseño de una acción formativa.

Visible, negociable			No siempre visible, innegociable
Quién	Demanda (qué quiere)	Intereses (por qué lo quiere)	Necesidades (para qué lo necesita)
La entidad, empresa u organización ... ———— Los trabajadores y trabajadoras ...	Desarrollar una formación a un grupo de trabajadores y trabajadoras que se van a incorporar a su plantilla	Porque quiere que tomen conciencia de la cultura de la empresa, conozcan la estructura, manejen adecuadamente los sistemas de comunicación interna y aprendan los procesos y métodos de trabajo y las funciones de cada uno	Para facilitar la acogida de estos trabajadores y su incorporación, alcanzando un grado óptimo de competencia en cada uno de ellos, sin que se vean alterados los sistemas productivos

Vamos a partir en todos los ejemplos de que hay coincidencia en la demanda, o de que la demanda está clara; si no, no nos hubieran llamado para impartir la formación.

En este primer ejemplo nos damos cuenta de que los intereses y las necesidades coinciden en empresa y trabajadores. Con los intereses podemos acercarnos o intuir como podría ser el desarrollo de la acción formativa, pero dar respuesta a la necesidad será nuestro verdadero éxito.

Plantilla:
Detección de
necesidades

Por cierto, vete familiarizando con las preguntas que aparecen en la tabla: ¿qué quiere?, ¿por qué lo quiere? y ¿para qué lo necesita?

Vamos ahora con un segundo ejemplo, pero esta vez vamos a considerar cómo una misma acción formativa puede tener dos orientaciones distintas. Para ello, imagina que dos entidades diferentes te hacen el mismo encargo (una acción formativa sobre «trabajo en equipo»).

	Visible, negociable		No siempre visible, innegociable
Quién	**Demanda** (qué quiere)	**Intereses** (por qué lo quiere)	**Necesidades** (para qué lo necesita)
La entidad, empresa u organización A ...	Quiere impartir una formación a un grupo de trabajadores sobre trabajo en equipo	Porque quiere que tengan herramientas para gestión del trabajo colectivo	Para que el equipo sea más efectivo a la hora de trabajar
La entidad, empresa u organización B ...			Para que disminuyan los conflictos internos y el equipo se cohesione

Si te das cuenta, las motivaciones son bien diferentes. La formación tiene la misma temática, pero en una empresa se necesita que el equipo funcione mejor de lo que funciona y en la otra se necesita que se aborden las tensiones y los desencuentros que se estén produciendo en ese equipo.

No considerar esta situación es una temeridad. No puedes dar el mismo curso por mucho que tengan la misma denominación. Y sí, quizás coincidan algunos elementos en ambos, pero la cadencia de las sesiones, el tono, los contenidos, las actividades, etc., deberían divergir cada uno hacia su necesidad latente.

Lo anterior también puede ocurrir en el caso de los alumnos. Imagínate un mismo curso, por ejemplo, de «Creación de páginas web», y que nos encontramos con tres tipos de alumnado.

Visible, negociable			No siempre visible, innegociable
Quién	Demanda (qué quiere)	Intereses (por qué lo quiere)	Necesidades (para qué lo necesita)
Los trabajadores y trabajadoras ...	Quieren participar en una acción formativa sobre «Creación de páginas web»	Porque quieren aprender cómo se diseñan páginas web	Para conocer un tema para ellos nuevo al que quieren dedicarse profesionalmente
Los trabajadores y trabajadoras ...			Para reciclarse en lo que ya saben sobre la creación de páginas web
Los trabajadores y trabajadoras ...			Para salir de casa y hacer un curso entretenido e interesante

Los intereses en estos tres casos están claros, pero las necesidades de cada uno son distintas, y puede que todas las necesidades convivan en el aula en el mismo contexto formativo. Eso quiere decir, como veremos, que tendremos que trabajar a varias velocidades con un grupo en el que cohabitan necesidades tan legítimas como distintas.

También nos puede ocurrir que nos encontremos en la situación en la que los intereses y las necesidades de la entidad convocante y de los destinatarios de la formación no sean los mismos.

	Visible, negociable		No siempre visible, innegociable
Quién	Demanda (qué quiere)	Intereses (por qué lo quiere)	Necesidades (para qué lo necesita)
La entidad, empresa u organización ...	Quieren desarrollar una formación para el manejo de una máquina nueva	Porque quiere actualizar sus sistemas de trabajo	Para incrementar los niveles de producción y ser más competitivos
Los trabajadores y trabajadoras ...		Porque quieren llegar a tiempo a las demandas y a los objetivos que les plantean	Para disminuir los niveles de estrés que se están generando

Imagínate que solo consideras la posición de la empresa, su demanda, sus intereses y sus necesidades; en definitiva, son quienes te han llamado y te han presentado el propósito de la acción formativa. El enfoque de la actuación docente estaría centrado únicamente en «incrementar los niveles de producción y ser más competitivos». ¿Cómo crees que vivirían los alumnos este planteamiento de la formación?

Por el contrario, imagina que descubres la necesidad de los alumnos y te centras únicamente en «disminuir los niveles de estrés». ...Bueno, tampoco era esto para lo que nos habían llamado, ¿verdad?

Aprenderemos en las próximas páginas sobre cómo podemos conciliar una y otra necesidad, algo, valga la redundancia, absolutamente necesario.

Otra situación interesante con la que podemos encontrarnos es la siguiente:

	Visible, negociable		No siempre visible, innegociable
Quién	Demanda (qué quiere)	Intereses (por qué lo quiere)	Necesidades (para qué lo necesita)
La entidad, empresa u organización ...	Quieren desarrollar una acción formativa de estrategias y herramientas para la búsqueda de empleo	Porque quiere que los destinatarios tengan recursos para afrontar su búsqueda de empleo de manera autónoma	Para disminuir los niveles de desempleo
Los trabajadores y trabajadoras ...		Porque quieren encontrar un empleo	Para satisfacer sus necesidades básicas, sentirse bien, estar socialmente activos y mejorar su autoestima

No quería dejar de compartir este ejemplo. Es solo un ejemplo y se puede dar en otras muchas materias con necesidades similares. Si en este caso no tuviéramos en cuenta las necesidades de los alumnos, estaríamos mecanizando y deshumanizando la acción formativa.

Y, para terminar, imagina:

	Visible, negociable		No siempre visible, innegociable
Quién	Demanda (qué quiere)	Intereses (por qué lo quiere)	Necesidades (para qué lo necesita)
La entidad, empresa u organización ...		Porque quiere que sus trabajadores ganen en proactividad y autonomía	Para tener una empresa con una estructura humana valiosa y buenos embajadores de marca
Los trabajadores y trabajadoras ...	Quieren desarrollar una formación en marca personal		Para participar activamente en la empresa, generando valor en ella
Los trabajadores y trabajadoras ...		Porque quieren gestionar su propuesta de valor profesional	Para cambiar de trabajo

Como vemos, el espectro de intereses y necesidades que pueden habitar en el aula es amplio e insospechado, pero no por ello inaccesible. Tan solo tenemos que articular las herramientas adecuadas y tener la sensibilidad necesaria para detectarlos y responder efectivamente a ellos, ajustando intereses y conciliando (en la medida de lo posible) necesidades.

Detectando necesidades

No hay mejor estrategia para captar las necesidades ajenas que empatizar.

En nuestro caso, no hay nada mejor para esto que visitar el lugar en el que están las personas a las que vamos a dirigir el proceso formativo, conocerlas, verlas trabajar, reconocer sus ritmos, impregnarse de su realidad, observar sus relaciones y reacciones... y hablar con ellas, sobre todo en contextos informales en los que surgirán esos «chascarrillos clave» que nos darán más pistas que todos los cuestionarios que pasemos. ¡Ojo!, quédate con las anécdotas de interés y descarta todo tipo de cotilleos, juicios de valor que no aportan nada, críticas, etc.

La cierto es que pocas veces podremos hacer esto, sea porque no resulta rentable, no disponemos del tiempo o de los medios que necesitaríamos para hacerlo o simplemente porque no existe tal posibilidad.

No obstante, siempre es recomendable tener un contacto previo, sea como sea, con la realidad del contexto de la formación.

Existe una necesidad formativa cuando una persona o un grupo de personas requieren conocimientos, habilidades y actitudes que les permitan hacer las cosas de una manera distinta. Esto es, necesitan aprender a hacer algo que no saben hacer o aprender a hacer de una forma diferente lo que ya saben hacer... siendo viable que este *gap* se pueda afrontar con un proceso formativo.

Para identificar las necesidades, resulta muy útil conocer el perfil del alumnado en su contexto profesional, identificando aquello que hace, los problemas que encuentra en su desempeño y los objetivos que persigue. No se trata de realizar una descripción completa y exhaustiva, pero sí necesitas que sea detallada en cuanto a aquello que tenga que ver con la formación.

Estas son las tres variables que deberían guiar nuestra observación:

1. **Qué actividades hacen en su día a día.** Qué tareas específicas conforman el trabajo rutinario y se relacionan con la materia que vamos a impartir. Cómo se hacen, con qué herramientas, si se realizan en solitario o en equipo, qué percepciones genera su desempeño, qué impacto emocional tienen, cómo se sienten los alumnos cuando las hacen, qué les mueve y qué les frena. En función de la naturaleza del encargo, también tendríamos que prestar atención a esas tareas que se hacen ocasionalmente o pocas veces y tienen relación con la materia de la formación.

    Identifica las tareas con mayor peso en los resultados y los efectos que generan en la persona.

2. **Principales obstáculos que las personas se encuentran en el desempeño de las tareas** anteriores (molestias, incomodidades, riesgos, incertidumbre, etc.) y las consecuencias negativas que podrían generarse.

    Identifica los obstáculos con más impacto negativo en los resultados y que generen unos efectos negativos significativos para las personas.

3. **Éxitos y satisfacciones que las personas experimentan en el ejercicio de estas tareas.** Desde las básicas y comunes (que las cosas funcionen) hasta el cumplimiento de los objetivos o las ocasiones en las que superan sus propias expectativas.

    Identifica los logros necesarios y significativos en el desempeño de estas personas y sus efectos en ellas.

    Se trata de identificar, en nuestros futuros alumnos y alumnas, qué hacen y cómo les hace sentir, qué obstáculos encuentran en su desempeño y qué logros experimentan. Con esta información pondremos el foco en:

- Mejorar su desempeño y sus procesos de trabajo.
- Eliminar o reducir los obstáculos que les separan de sus objetivos.
- Incrementar el nivel de satisfacción en su desempeño.

Priorizando necesidades

Plantilla:
Priorización de
necesidades

Normalmente nos resultará inabarcable y fuera de contexto abordar todas las necesidades que podamos identificar, así que tendremos que enfocar nuestra acción sobre algunas de ellas basándonos en cuatro criterios:

- Deben ser prioritarias, esto es, que respondan a cuestiones significativas en el proceso de trabajo.
- Han de generar un cambio tangible y positivo en la manera de hacer las cosas.
- Tienen que poder abordarse en el proceso formativo considerando el tiempo y los recursos de la formación (ojo con abrir cuestiones que no se puedan cerrar).
- Debe ser rentable montar una formación para darles respuesta. Por ejemplo, no merece la pena mandar a todo un equipo a formarse sobre el manejo de una herramienta cuando el conocimiento de esta se puede transferir desde algún trabajador experimentado en ella.

5. CONDICIONES DE CONTORNO

Antes de formular objetivos y ponernos a diseñar la formación es absolutamente necesario conocer el contexto y las condiciones en los que vamos a trabajar.

Se trata de delimitar las condiciones de contorno, esto es, las reglas del juego dentro de las cuales se desarrollará el proceso.

Veamos a continuación las variables que definen las condiciones de contorno de un proceso formativo.

Objeto de la formación

Es el objeto del contrato, la razón de ser de la formación, y tiene mucho que ver con todo lo que hemos desarrollado en este capítulo: qué quieren, por qué lo quieren y para qué lo necesitan.

Resulta esencial que conozcamos el contexto de la formación: ¿qué situación ha hecho que se ponga en marcha la formación? y ¿quién la promueve? Una situación concreta, un programa subvencionado, un problema, un cambio en la organización, un reto que tienen que afrontar, etc.

Nos ayudará mucho conocer si nuestra formación se encuentra dentro de algún plan formativo y qué relación podría tener con acciones anteriores y posteriores. También, si este tema ya se ha abordado con anterioridad y qué resultados se han obtenido, y en su caso cuáles son los motivos por los que se quiere volver a abordar.

¿Somos los únicos formadores o participamos de una propuesta formativa con distintos docentes? En este último caso, ¿podemos coordinarnos de alguna forma?

Participantes

Algo muy importante es conocer, en la medida de lo posible, el perfil de los alumnos. Esto nos permitirá hacer una previsión del nivel que nos podemos encontrar, el ritmo con el que deberíamos empezar, la apertura de los participantes al proceso, etc. Toda esta información determinará el diseño metodológico y nos puede facilitar mucho las interacciones didácticas posteriores.

Esto será más sencillo si nos dirigimos a una organización concreta, a un equipo de trabajo o a cualquier estructura humana que ya esté en marcha. El público objetivo de nuestra formación está identificado y será más fácil conocer sus características.

Otras veces no ocurrirá así. Podemos encontrarnos con que el grupo de alumnos y alumnas se forme a propósito de la formación y no se conozcan previamente. En estos casos el perfil viene definido por la convocatoria de la formación, que reflejará a qué tipo de personas se dirige. Aun así, esto no nos garantiza que el grupo final que se forme corresponda con exactitud a este perfil; por ello, en estos casos tendremos que identificar cuanto antes los denominadores comunes que presentan estas personas y sus motivaciones. Participar en los procesos de selección de los alumnos, si es posible, ayuda bastante a la hora de tener una perspectiva más exacta de todo esto.

También es importante conocer si la formación tendrá algún impacto en los destinatarios (cobrarán por asistir, recibirán algún tipo de penalización si no asisten, les permite promocionar, la formación lleva asociado algún compromiso de contratación, etc.), si los alumnos deciden asistir de manera voluntaria a ella o no tienen esa opción y si es gratuita o implica algún gasto o coste para los alumnos.

Y, por supuesto, es importante saber qué número de alumnos y alumnas participarán además de conocer qué otros actores actuarán de alguna manera en la formación: personal técnico de formación o de RR. HH., inspectores, etc.

¿Dónde? ¿Cómo? ¿Con qué?

¿Se trata de una formación presencial, de una formación *online* o de una modalidad mixta (presencial + *online*)?

- Si es una **formación presencial**, ¿dónde se va a desarrollar?, ¿cuáles son las características del aula en cuanto a espacio y cómo y cuándo podremos acceder a ella?, ¿se pueden mover las mesas y sillas? y ¿de qué recursos disponemos (proyector, sonido, ordenador, rotafolios, etc.)?

- Si es una **formación** *online,* ¿es síncrona, asíncrona o se darán ambas situaciones?
- Si es una **formación mixta,** además de lo anterior, ¿cuántas sesiones presenciales habrá?

En estos dos últimos casos, ¿qué recursos digitales serán necesarios (plataformas de gestión del aprendizaje, sistemas de videoconferencias, etc.)?, ¿dispondremos de ellos o los aportaremos nosotros?, ¿cuándo podremos acceder a esos recursos y qué grado de autonomía disponemos para el montaje de la formación?, ¿podemos utilizar recursos externos a las plataformas de formación o todo lo tenemos que realizar dentro de ella para certificar la trazabilidad de lo que el alumnado haga? y ¿qué grado de competencia digital se requiere en las personas participantes (ojo con esto)?

¿Cuándo?

¿Cuánto dura la formación, cuál es la fecha de inicio y la fecha final? ¿Qué frecuencia tendrá la formación (diaria, varios días a la semana, semanal, etc.) y en qué horarios se desarrollará?

Seguimiento

¿Habrá algún tipo de seguimiento durante la formación? Ten claro si debes gestionar alguna documentación en el aula, como partes de asistencia, justificaciones, evaluaciones, etc., y cómo proceder con esta documentación. ¿Qué tipo de auditorías nos podemos encontrar durante el proceso y quién las llevará a cabo? ¿Qué personal técnico va a dar soporte a la formación y quién será nuestra referencia?

Otra cuestión importante es saber si habrá algún tipo de seguimiento posterior a la formación y si tú vas a participar en ese proceso.

Condiciones de trabajo

¿Cuáles serán nuestras condiciones de trabajo?

En este sentido, la formación puede formar parte de tus competencias dentro de la empresa u organización en la que trabajas o ser algo que hagas ocasionalmente dentro de ella, en cuyo caso las condiciones serán las que se estipulen en tu contrato, salvo que la empresa quiera remunerarte de alguna forma este esfuerzo extra.

Por otro lado, si trabajas por cuenta propia como formador o la formación es una actividad profesional complementaria a tu trabajo habitual, podrás encontrarte con distintas situaciones. En algunos sitios te ofrecerán un contrato laboral y en otros te pedirán que factures como profesional (en este caso consulta a un profesional de la gestión fiscal y laboral para no tener ningún problema; no debe echarte para atrás esta opción).

A veces será la entidad la que te ofrezca un precio por la formación; en otras ocasiones te lo pedirá a ti. Será una decisión personal valorar si te interesa o no el encargo. Lo que sí debes tener claro es que en ese precio no solo se incluye el trabajo de aula (sea física o digital), sino el tiempo que tendrás que dedicar a diseñar la formación.

Aclara quién corre con los gastos. Mi sugerencia es que, en la medida de lo posible, diferencies el precio de la formación de los gastos (materiales, desplazamientos, alojamiento y manutención).

Si te piden un presupuesto, será decisión tuya determinar cómo lo vas a detallar, qué precio/hora o precio total vas a proponer. Te sugiero que indagues cuál es el precio de mercado en el que se está trabajando. Lo más importante es que te sientas adecuadamente remunerado. Ojo, en una formación se trabaja mucho y es un trabajo que requiere mucho de nosotros, así que siempre debes tener la sensación de que el encargo «merece la pena» (no solo por el retorno emocional, social o de visibilidad que recibas, sino también en lo material; si no, a la larga terminarás agotándote).

En cualquier caso, una vez que dices que SÍ a la formación y las condiciones de contorno quedan claras (a lo mejor no son las que tú hubieras elegido, pero son las que son y tú has dicho que sí), ya no vale quejarse: las reglas están definidas, conoces lo que tienes, con lo que cuentas y con lo que no vas a contar... ahora la pelota está en tu tejado y tienes que jugarla de la mejor manera posible.

Líneas estratégicas de este capítulo

◯ El contexto de la formación nos facilitará la toma de decisiones sobre todo lo que tenemos que hacer y los pasos que hemos de dar.

◯ Dos preguntas clave de inicio: ¿quién te llama? y ¿para qué te llama? Quédate con el nombre y con la posición de quien te llama o contacta contigo.

◯ Idea clave: el foco debe estar en el proceso formativo, mirando al alumno, cuidando al cliente.

◯ Identifica y diferencia: ¿qué quieren?, ¿por qué lo quieren? y ¿para qué lo necesitan?

◯ Detecta necesidades que permitan que los participantes mejoren sus competencias profesionales, eliminen o reduzcan los problemas y frustraciones que les separan de sus objetivos e incrementen sus éxitos.

◯ Las condiciones de contorno nos permiten determinar las condiciones y los elementos entre los que se desarrollará la acción formativa.

4
LOS OBJETIVOS

 OBJETIVO DEL CAPÍTULO: Formular objetivos formativos para orientar la experiencia de aprendizaje en todas sus dimensiones.

1. DE LA NECESIDAD AL OBJETIVO

Una de las cosas que más nos va a ayudar a la hora de afrontar y enfocar un proceso formativo es la formulación de los objetivos. En otras palabras, tenemos que determinar lo que el alumno será capaz de hacer tras la formación.

El momento en el que cierras una formación, te confirman que la vas a impartir, tienes claras las condiciones de contorno y tu margen de maniobra y has conversado e indagado sobre las necesidades formativas que pudieran estar latentes, toca diseñar la estrategia de aprendizaje adecuada.

Este puede ser un momento crítico. ¿Qué pasos doy ahora? ¿Por dónde arranco? Corremos otra vez el peligro de tirarnos a los libros para ahogarnos de conocimiento, sumergirnos en Internet para localizar información y buscar lo que otros formadores han hecho, presentaciones que no son nuestras, dinámicas y actividades... y a veces sin ningún orden, para acumular recursos y terminar de nuevo en el «¿qué hago yo ahora con todo esto?».

Stop. Que no cunda el pánico. Tranquilidad.

Verás, ya tenemos una serie de necesidades detectadas. Las necesidades nos informan de un vacío e incluso nos pueden revelar la naturaleza del cambio que se precisa, pero son inespecíficas en cuanto a la acción concreta que se requiere para su satisfacción y pueden contener mucha incertidumbre (ya que una misma necesidad puede ser satisfecha de muchas formas posibles). Las necesidades formativas por tanto necesitan ser transformadas.

Tenemos que convertir la necesidad («tener sed») en objetivo («beber un vaso de agua»).

Enfoque

Voy a decir algo que repetiré (conscientemente) en varias ocasiones: los objetivos de aprendizaje que formules y redactes no son tus objetivos ni los de tu cliente, los objetivos que formules y redactes son los de los alumnos, las personas que van a recibir y participar en el proceso formativo.

Este enfoque es clave. No estás formulando tus objetivos ni lo que tú vas a conseguir. Si lo hiciéramos así, la formación orbitaría sobre el docente; sí, orbitaría sobre ti y tus alumnos lo sufrirían, y eso resulta bastante penoso... y se podría dar la grotesca situación en la que tú terminas feliz como una perdiz, contento por haber cumplido tus objetivos y de haber desarrollado toda la programación prevista, mientras que los alumnos se quedan a cuadros sin haber entendido nada de lo que les has estado contando. Ojo, porque esto pasa.

El objetivo formativo refleja el cambio que se va a producir en el alumno, los conocimientos, habilidades y actitudes que va a integrar y que le van a permitir mejorar su competencia profesional.

El objetivo representa el resultado de la formación, con una repercusión directa en la productividad y en la mejora del desempeño.

2. ¿PARA QUÉ VAN A SERVIR?

Considera que, una vez claro el objetivo, tendremos la llave para encontrar los contenidos necesarios. Será más sencillo y asequible estructurar el proceso.

De igual modo, el objetivo facilitará la elección de la metodología adecuada para el desarrollo de la experiencia de aprendizaje (cuántas exposiciones, prácticas, dinámicas o demostraciones son convenientes).

El objetivo formativo también condiciona nuestra comunicación. Los mensajes que lanzamos, la forma en la que nos expresamos, los énfasis sobre determinadas partes estarán dirigidos por el objetivo.

El objetivo orientará al alumno. Le servirá para saber qué está haciendo allí y para qué lo está haciendo; permitirá darle sentido a las actividades que haga, a los conceptos que se desarrollen y a las interacciones que se den en clase.

El objetivo facilitará también la toma de muchas decisiones. Y es que, teniendo clara la dirección en la que vamos, ante el dilema de elegir entre una actividad u otra, o ante una duda que nos plateen, entre otras muchas situaciones, la decisión más adecuada será la que más se ajuste al objetivo.

Así, el objetivo marcará la senda por la que se desarrollarán el proceso y nuestra actuación docente. Debemos ser los primeros en no salirnos de ese camino, actuando con flexibilidad, por supuesto, pero manteniendo la dirección.

Os puedo asegurar que formular y compartir el objetivo de aprendizaje con el alumnado es una de las formas más efectivas de darle seguridad y presentarle un proceso fundamentado. Es todo un arte saber hacia dónde vamos y mantener el rumbo a pesar de los necesarios y naturales desvíos que tendremos. En este sentido, el objetivo formativo cumple también una función de reorientación esencial.

Vamos, sin más demora, a formular los objetivos.

3. FORMULANDO

Ni fácil, ni difícil... ni de dificultad media

Sé que estamos en un momento inicial y que incluso lo normal es que aún no conozcamos a los alumnos. No obstante, ya tenemos que empezar a tomar decisiones.

Ahora más que nunca todo lo que dijimos en el capítulo anterior es de vital importancia. Todas las conversaciones con la entidad, las visitas y las reuniones que hayas tenido, la información que te hayan proporcionado y la que tú hayas conseguido, todo ello es esencial y necesario para responder a la siguiente pregunta: ¿qué alcance y qué grado de profundidad queremos darle a la formación?

Un objetivo demasiado sencillo no estimulará a nuestros alumnos, que percibirán la formación como algo excesivamente básico y superado. La actitud «esto ya lo sé» se apoderará pronto de ellos y se saldrán del proceso. La formación perderá energía y el propósito aparecerá descafeinado.

Otra forma de descabalgar al alumnado es planteándole un objetivo excesivamente complicado. Algunos alumnos pensarán que el curso no es para ellos y se han equivocado y desconectarán desde el momento inicial. Otros se sentirán cuestionados, no querrán ponerse en evidencia y se encerrarán en sí mismos evitando participar e involucrase; incluso se puede llegar a ver la formación como algo hostil, y los más atrevidos reaccionarán descaradamente contra ella. Otros, a pesar de todo, querrán participar de la formación porque la materia les resultará muy interesante, pero les ocurrirá lo que me pasa a mí cuando veo uno de esos documentales en los que explican cosas sobre física cuántica y toda esa movida: me siento, me concentro, me quiero enterar, quiero,

quiero, quiero... pero me voy, me despisto, pierdo el argumento y termino pensando en lo que voy a merendar.

A mí no me gusta decir que el objetivo tiene que ser de dificultad media; no creo que sea la mejor expresión para estimular positivamente al alumno.

La formación tiene que representar un desafío, y cuando el desafío es el adecuado, convertirá el proceso en una experiencia óptima que, como dice Mihály Csíkszentmihályi, es la que genera la «sensación de que las propias habilidades son las adecuadas para enfrentarse a los desafíos que se nos presentan».

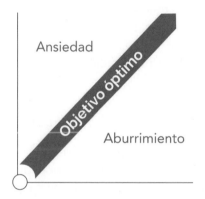

Adaptado de *Flow*, de Mihály Csíkszentmihályi

En definitiva, el grado de dificultad adecuado de un objetivo de aprendizaje será el que exija a la persona la movilización de todas sus capacidades en un proceso con un propósito definido (que le dará sentido a su esfuerzo) y con unas ganancias deseadas.

Claves para formular objetivos formativos

El objetivo formativo

- Reflejará lo que el alumno sabrá hacer tras el proceso formativo y describirá conductas observables. Será claro, concreto y comprensible por todas las personas que participen en la formación.
- Representará un desafío para el alumno.
- Se percibirá como alcanzable, y para alcanzarlo el alumno será consciente de que tendrá que movilizar recursos propios sobre los que tiene libre y voluntaria disposición.
- Será medible, lo que facilitará la autoevaluación y la evaluación del proceso.
- Generará un beneficio con su consecución.

¿Qué tipo de objetivos necesito?

No sé si vas a impartir una formación dirigida a enseñar toda una ocupación o una sola competencia profesional. Tampoco sé si tu formación va a durar una sola mañana, una tarde, un día, una semana o varios meses. Según el caso, es importante cómo enfoquemos el proceso y sus etapas.

Si vas a impartir un curso con el propósito de que los alumnos aprendan una ocupación, lo normal es que la formación sea larga, de varios meses incluso. En este sentido necesitas un objetivo general, que se corresponderá con la competencia general de la ocupación. Además, precisarás una serie de objetivos específicos referidos a las etapas que habrán de darse para alcanzar el objetivo general; de esta forma, cada módulo tendrá su propio objetivo (en el próximo capítulo hablaremos de los módulos).

Si vas a impartir un curso orientado a que los alumnos aprendan una o varias competencias, puede que esa formación sea más o menos larga, de una o varias semanas, o que estés trabajando con ellos solo dos o tres días. Estamos en el mismo caso que el anterior: necesitas un objetivo general y unos objetivos específicos, que serán los logros parciales que llevarán al resultado final.

Tener un objetivo general y una serie de objetivos específicos en estos dos casos es conveniente, tanto por la naturaleza de la formación, que verá fortalecida su solidez interna, como por la claridad a la hora de presentarla, ya que aparecerá estructurada ante los alumnos y facilitará su desarrollo a lo largo de la continuidad de los días y las sesiones.

Ahora bien, si vamos a impartir una formación de una o de media jornada, sea del tipo que sea, mi sugerencia es que tengas un objetivo general de referencia que refleje lo que se espera de la formación.

Si en este último caso tuviéramos un objetivo general y varios objetivos específicos, además de saturar el proceso, estaríamos generando demasiados focos de atención que causarían más distracción que otra cosa. En estos casos, no es nada operativo que atomices el proceso más de la cuenta.

4. REDACTANDO

Plantilla:
Formulación
y redacción de
objetivos

Formular el objetivo es un proceso que arranca de manera espontánea casi desde que tomamos contacto con la necesidad formativa porque en ese momento ya empezamos a plantearnos cómo enfocar y estructurar la experiencia de aprendizaje y en qué logros basarnos.

No obstante, necesitamos darle forma para hacerlo accesible a las personas que participarán en este proceso.

Las reglas del juego

- Nada de rollos, nada de introducciones; iremos a grano.
- Vamos a simplificar al máximo todas las expresiones.

- Recuerda que el objetivo es del alumno: cuando las personas que van a recibir la formación lo lean, sentirán que el objetivo refleja conductas que podrían ser propias. Para ello:
  - Utilizaremos verbos en infinitivo.
  - Indicaremos las condiciones o el contexto en las que se llevará a cabo la conducta.

Y ojo:

- No prometas nada ni generes ninguna expectativa.
- No utilices el objetivo para decirle a la gente lo que tiene que hacer en la formación o mandarle algún mensaje por esta vía.
- No uses el objetivo para decirle a la gente lo que vas a hacer.
- No incluyas ningún juicio de valor.

Y ahora... ¡vamos allá!

Primero, pregunta y responde

Te recuerdo que ya tenemos identificadas las necesidades formativas, serán nuestra referencia (qué quieren, por qué lo quieren y, sobre todo, para qué lo necesitan). Ahora, pregúntate y responde:

- ¿Qué conocimientos, términos, conceptos, teorías, aptitudes, etc. habrá adquirido la persona que reciba la formación cuando esta termine?
- ¿Qué habilidades, destrezas, etc. sabrá realizar la persona que reciba la formación cuando esta termine?
- ¿Qué actitudes desarrollará en su desempeño la persona que reciba la formación cuando esta termine?

Enfócate. Contesta de manera sencilla, ajústate al propósito de la formación (la necesidad detectada o el fundamento de la convocatoria de la formación). Ve al grano, ten un sentido práctico y utilitario.

Vamos a utilizar un ejemplo para desarrollar la idea. Imagina que un formador o formadora está programando un curso de mecánica y, considerando el contexto concreto en el que se encuentra, contesta a la tabla de la siguiente manera:

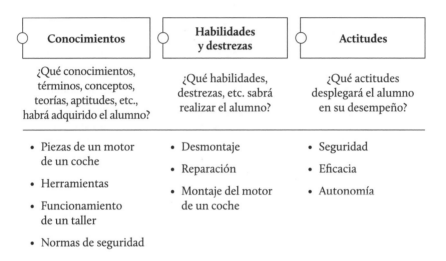

Conocimientos	Habilidades y destrezas	Actitudes
¿Qué conocimientos, términos, conceptos, teorías, aptitudes, etc., habrá adquirido el alumno?	¿Qué habilidades, destrezas, etc. sabrá realizar el alumno?	¿Qué actitudes desplegará el alumno en su desempeño?
• Piezas de un motor de un coche • Herramientas • Funcionamiento de un taller • Normas de seguridad	• Desmontaje • Reparación • Montaje del motor de un coche	• Seguridad • Eficacia • Autonomía

Segundo, redacta

Ahora vamos a redactar el objetivo utilizando una estructura muy sencilla para responder a una pregunta fundamental de manera específica y concreta: ¿cuál es el resultado final que se espera de la formación?

Verbo + Objeto + Complemento

Plantilla: Repertorio de verbos

El verbo expresará la acción necesaria. El objeto nos permitirá concretar el eje de la acción y el complemento nos servirá para especificar y aclarar cómo y para qué se va a hacer la acción.

¿Seguimos con el ejemplo?

Si te fijas, de las respuestas que dio el formador en la tabla anterior hay un resultado final bastante claro:

Ahora, utilizamos lo anterior para elaborar un párrafo que refleje el objetivo general de esta acción formativa en forma de conducta:

«Desmontar, reparar y montar las piezas del motor
de un coche con autonomía, eficacia y respetando
las normas de seguridad del taller».

Plantilla: Ejemplos de objetivos

Si te fijas, en el objetivo se terminan integrando las tres áreas de competencia necesarias para un desempeño excelente: los conocimientos, las habilidades y las actitudes. Si nos faltara alguna, la acción no se podría llevar a cabo de manera adecuada.

Lo importante es que en este momento ya tienes el objetivo.

Tercero, compártelo

Es fundamental que los alumnos conozcan el objetivo. Insisto: esta comunicación es necesaria cuando arranques la formación; es un derecho de las personas que participarán en una experiencia de aprendizaje.

Conocer el objetivo enfoca, permite saber qué se espera de ellos, cuál ha sido el criterio para seleccionar los contenidos, cómo se ha estructurado el proceso, cuál es el sentido de las actividades propuestas, etc.

Por favor, empieza tus formaciones compartiendo el objetivo... y termínalas igual. Comprobarás el efecto positivo que produce esta estrategia en ti y en tu alumnado.

5. CRITERIOS DE EVALUACIÓN

¿Cómo sabrá la persona que ha alcanzado el objetivo? Pues gracias a los criterios de evaluación, esto es, a los indicadores que posibilitarán de manera clara y específica saber en qué punto del proceso se encuentra la persona y qué grado de consecución alcanza.

Estos criterios deben facilitar la autoevaluación del alumno y la evaluación del formador.

Los criterios de evaluación no tratan de recoger absolutamente todo lo que el alumno será capaz de hacer tras el proceso formativo (ni tiene sentido, y resultaría excesivo, además de poco práctico). Tampoco serán nuestra única referencia para evaluar. No obstante, nos servirán como indicadores que facilitan la observación y la toma de consciencia del cambio que se genere.

¿Cómo determinamos los criterios de evaluación? Convierte el objetivo en operaciones, esto es, en enunciados que reflejen una acción en su contexto. Vamos a tomar como referencia el ejemplo anterior:

«Desmontar, reparar y montar las piezas del motor de un coche con autonomía, eficacia y respetando las normas de seguridad del taller».

Pues bien, algunos de los criterios de evaluación de este curso podrían ser:

- Extraer el motor según las indicaciones de su fabricante, utilizando adecuadamente las herramientas y los equipos necesarios y respetando las normas de seguridad.
- Efectuar la puesta a punto del motor, sustituyendo las piezas desgastadas o rotas.
- Manejar las herramientas manuales, eléctricas y neumáticas utilizadas en la mecanización, el desmontaje y el montaje de piezas.
- Realizar las pruebas necesarias para determinar las posibles averías internas del motor.
- …

Podrás comprobar que estos ítems enfocan nuestra atención sobre los aspectos más significativos del proceso y, sobre todo, sobre lo que debemos observar en nuestro alumnado.

Líneas estratégicas de este capítulo

⊂◯ El objetivo formativo siempre se formula en función del alumno y expresa lo que sabrá hacer tras la formación.

⊂◯ El objetivo formativo nos servirá para identificar los contenidos y la metodología más adecuados. Además, nos enfocará el proceso de comunicación que establezcamos con el alumnado.

○ El grado de dificultad adecuado de un objetivo es el que expresa un desafío ajustado a las capacidades del alumnado, ni demasiado sencillo, ni demasiado difícil.

○ Los objetivos generales expresan el logro final que se espera que alcancen los participantes. Los objetivos específicos expresan logros parciales.

○ En la redacción de los objetivos los verbos expresan la acción, el objeto, el eje de esa acción y el complemento, cómo y para qué se va a hacer la acción.

○ Los objetivos deben ser conocidos por los alumnos antes de la formación (si fuera posible) y ser presentados explícitamente a su inicio.

○ Una vez formulado el objetivo, debemos prever cómo sabremos que el alumno lo ha alcanzado. Para ello nos valdremos de los criterios de evaluación.

5
LOS CONTENIDOS

 OBJETIVO DEL CAPÍTULO: Seleccionar y estructurar los contenidos necesarios de un proceso formativo considerando los objetivos de aprendizaje.

Llega el momento de darle una estructura a nuestra formación decidiendo cuáles son los contenidos que vamos a desarrollar y que le darán cuerpo a la experiencia formativa.

Ojo, un proceso formativo es un proceso acotado, así que necesitamos identificar cuáles son los peldaños adecuados que facilitarán a las personas participantes alcanzar el objetivo formativo en el tiempo y con los recursos previstos.

Vamos allá.

1. ¿DÓNDE ESTÁN LOS CONTENIDOS?

¿Dónde buscarlos?

Otra vez te tengo que decir que no te tires de cabeza a los libros o a Internet. Paciencia. Los contenidos que precisas los tienes mucho más cerca de lo que piensas.

Los contenidos están en los objetivos, que nos dirán con claridad qué contenidos son los necesarios. Presta atención y escucha el mensaje que te están dando.

Otra de las preocupaciones que surgen cuando le encargan a alguien una formación es pensar «qué voy a hacer en todas esas horas». Esta preocupación se puede desarrollar de distintas maneras. La más recurrente es la inquietud por quedarse corto y que sobre tiempo, que lleva al síndrome «cuanto más, mejor» y a la actitud de «por si acaso» que vimos en el capítulo 3 y que nos genera una búsqueda compulsiva de contenidos y actividades, estrategia que acabará ahogándote a ti y a tu alumnado.

Otra situación que se puede dar es esa en la que el formador ya desde el principio siente que le falta tiempo para abarcar toda la materia que considera que tiene que impartir. Quizás porque sea un experto en esa disciplina o porque esté acostumbrado a contextos formativos más tradicionales. Aquí la cuestión no es rellenar, sino meter a toda costa lo que cree que la gente tiene que saber.

Por último, también es posible que la formación toque muchos temas, pero de manera superficial. Si esto ocurre, el acto formativo se habrá convertido en un acto divulgativo. A ver, las actividades divulgativas me parecen necesarias, interesantes e instructivas, pero el foco en estos casos no está en el aprendizaje ni en la generación de soluciones.

Por todo esto, necesitamos hacer una buena selección de contenidos. A estas alturas ya tenemos un contexto formativo determinado y unos objetivos claros, que ya deberían estar ejerciendo su función reorientadora. En este sentido, toca preguntarse: ¿qué conceptos tenemos que abordar para alcanzar el objetivo?, ¿qué destrezas esperamos consolidar en la experiencia de aprendizaje? y ¿qué actitudes queremos estimular en el desempeño de los participantes?

¿Cómo identificar los contenidos adecuados?

Mi sugerencia es que en un primer momento trabajes generando todas las ideas posibles en cuanto a los contenidos que se podrían dar en la formación, con rigor y pertinencia, pero sin cortarte (al menos por ahora).

Ya te podrás imaginar que luego tocará sacar las tijeras y hacer selección de contenidos considerando el entorno de la formación, la realidad de los tiempos, los recursos y el contexto en el que nos estamos moviendo. No olvides que unas tijeras sirven tanto para cortar como para dar forma, así que ¡adelante!

Eso sí, antes de pasar a identificar los contenidos adecuados, es importante que tengas claro el enfoque desde el que lo vas a hacer: si el objetivo es el logro que va a alcanzar el alumno, considera cada contenido como el paso necesario para conseguir ese logro.

Para ilustrar esta parte, me voy a apoyar en el ejemplo del capítulo anterior, ¿lo recuerdas? El objetivo quedó así:

«Desmontar, reparar y montar las piezas del motor
de un coche con autonomía, eficacia y respetando
las normas de seguridad del taller».

Conociendo el objetivo, podríamos reformular la tabla de la siguiente manera:

Objetivo
«Desmontar, reparar y montar las piezas del motor de un coche con autonomía, eficacia y respetando las normas de seguridad del taller».

Contenidos teóricos	Contenidos prácticos	Contenidos actitudinales
• El taller mecánico • Tipos de herramientas • Mantenimiento de herramientas, medios y equipos	• Identificación de los diferentes tipos de herramientas, medios y equipos y su utilidad	• Respeto a las normas de seguridad previstas en las distintas operaciones

- Interpretación de planos
- Interpretación de documentación técnica
- Diseño y construcción de piezas
- Técnicas de mecanizado básico
- Tipos de motores
- Operaciones de mantenimiento
- Normas de seguridad en el espacio de trabajo

- Diseño y elaboración de piezas
- Realización e interpretación de croquis y planos en los procesos de mecanizado
- Identificación de los elementos que componen el motor
- Selección del procedimiento adecuado en las operaciones de mantenimiento
- Selección y operación adecuadas con los medios, equipos, herramientas y utillaje específico
- Realización de la secuencia de operaciones de montaje, mantenimiento y desmontaje siguiendo la documentación técnica

- Utilización de forma adecuada de los equipos, útiles y herramientas empleadas
- Decisión sobre la mejor estrategia de intervención en cada caso

Ahora el objetivo encabeza la tabla, y lo que hemos hecho es una lluvia de ideas de los contenidos que entendemos que deberíamos dar en esta formación, con la libertad y el atrevimiento que te proponía al inicio de este apartado. Hemos sacado de los bolsillos todos los conocimientos que entendemos que son adecuados en el marco de esta acción y simplemente los hemos colocado como han ido saliendo, cada uno en su columna. Atrévete a hacerlo con libertad y evitando cualquier consulta externa en un principio. Empieza a impregnar la formación con tu ADN, crea tu propia propuesta de contenidos.

Y tras este ejercicio individual, es ahora cuando te sugiero que cotejes tu respuesta con tus fuentes de referencia o, dicho de otra manera, que enriquezcas tu propuesta de contenidos con aportaciones externas. ¿Para qué? Para tu propio aprendizaje, para no mirarte demasiado el ombligo, para ganar en rigor, para poner en crisis tu propia propuesta y fortalecerla... y para todo lo positivo que se te ocurra en este sentido.

Eso sí, sé selectivo con tus fuentes de referencia. Considera que tener demasiadas te va a dispersar y confundir y terminarás gastando más tiempo del necesario para llegar al mismo sitio. Por otro lado, tener como fuente lo primero que tengas a mano te puede hacer caer en una visión demasiado sesgada sobre la materia.

2. SELECCIÓN DE LOS CONTENIDOS

¿Son útiles? ¿Para qué sirven?

Abierto el abanico de contenidos, ahora toca hacer la mejor selección posible.

En este sentido hay dos preguntas clave: ¿es útil este contenido? y ¿para qué sirve? Contestarlas de forma concreta nos va a permitir hacer una primera valoración sobre la conveniencia o no de incluirlo en la estructura de nuestra acción formativa. Evidentemente, estas dos preguntas se formulan en el contexto del objetivo que tenemos planteado.

Ojo, porque puede resultar demasiado tentador (y peligroso) ver todos los contenidos útiles y aplicables. Aterriza tu reflexión, calibra su funcionalidad:

- Es un contenido que resuelve alguna cuestión y favorece la resolución de otras.
- Es viable su aplicación porque los alumnos tienen o van a tener la forma de hacerlo.

- Es accesible y está en su mano aplicarlo.

Un contenido adecuado, por tanto, es el que resuelve ágilmente alguna cuestión, favorece la efectividad, incrementa un beneficio y repercute positivamente en el bienestar de las personas.

Criterios de selección de contenidos

Plantilla: Selección y priorización de contenidos

Aunque pongo a tu disposición una plantilla de trabajo para gestionar la selección de contenidos, te dejo aquí algunas preguntas clave algo más desarrolladas:

- ¿Están los contenidos relacionados directamente con los objetivos? Esto es, ¿forman parte imprescindible en el plan de acción para la consecución del objetivo?
  Si el contenido resulta ser «prescindible», ojo, déjalo fuera antes de que sea demasiado tarde. En este sentido, no confundas un contenido interesante con un contenido necesario.
- ¿Qué problemas reducen o resuelven?
- ¿Qué frustraciones evitan?
- ¿Qué beneficio generan? (más allá de incrementar el saber y el aprendizaje).
- ¿Facilitan el cambio en los alumnos?, esto es, ¿el alumno ampliará su repertorio conductual o lo actualizará de forma efectiva?
- ¿Qué base tienen los alumnos respecto a estos contenidos? Necesitamos saber, al menos de forma orientativa, si los alumnos tienen algunos conocimientos previos para determinar desde dónde podemos comenzar, el grado de profundización que podemos alcanzar, etc.
- ¿Disponemos de recursos suficientes para el desarrollo de estos contenidos de forma teórica y práctica? Esta cuestión es importante, ya que muchos contenidos requieren la

disponibilidad de unos medios y recursos o necesitan una planificación previa y anticipada.

- ¿Permiten un desarrollo óptimo en el tiempo del que disponemos? ¿Hasta dónde?

En el ejemplo que estamos desarrollando, tras pasar el filtro, nos quedamos con estos contenidos, que son los que mejor responden al objetivo:

Esta es la teoría que se dará	Estas serán las prácticas	Esto será lo que observaremos principalmente en la forma de trabajar del alumnado
• Interpretación de planos • Técnicas de mecanizado básico • Tipos de motores • Operaciones de mantenimiento • Normas de seguridad en el espacio de trabajo	• Realización e interpretación de croquis y planos en los procesos de mecanizado • Identificación de los elementos que componen el motor • Selección del procedimiento adecuado en las operaciones de mantenimiento • Selección y operación adecuadas con los medios, equipos, herramientas y utillaje específico • Realización de la secuencia de operaciones de montaje, mantenimiento y desmontaje siguiendo la documentación técnica	• Respeto a las normas de seguridad previstas en las distintas operaciones • Utilización de forma adecuada de los equipos, útiles y herramientas empleadas • Decisión sobre la mejor estrategia de intervención en cada caso

Ahora, vamos a organizarlos.

Organización de los contenidos

La selección de contenidos está hecha, pero nos falta un orden que le dé sentido a nuestra propuesta y facilite su transmisión.

Antes de continuar déjame aclararte algo: todos los módulos y unidades didácticas tienen su propio objetivo. No obstante, considerando que nuestro contexto requiere una propuesta ágil y de cara a no atomizar demasiado el proceso, solo presentaremos el objetivo general de la formación (en todas) y los objetivos de cada módulo (cuando abordemos un proceso que agrupe distintas competencias).

Vamos a verlo.

Si vas a impartir un curso con el propósito de que los alumnos aprendan una ocupación profesional, mi sugerencia es que organices los contenidos en módulos, unidades didácticas y capítulos.

Una ocupación profesional es un conjunto de cometidos y funciones que realiza una persona para el desempeño de una actividad profesional. En este sentido:

- La descripción de la ocupación profesional sería la competencia general que el alumno va a alcanzar, y se expresa con el objetivo general.
- Presentaríamos cada una de las funciones o unidades de competencias de las que se compone una ocupación en módulos formativos. Será de gran utilidad que cada módulo se presente con su objetivo formulado.
- Cada módulo formativo se estructurará en unidades didácticas, a través de las cuales desarrollaremos las acciones que lleva a cabo la persona cuando ejecuta esa función.
- Y, por último, y si fuera necesario, el desarrollo de esas unidades didácticas serían los capítulos.

Para tu tranquilidad, si te encuentras en este caso, lo normal es que el objetivo general, los contenidos, etc. ya estén determinados en su correspondiente Certificado de Profesionalidad. Nos quedaría un documento similar al que vemos en el ejemplo 1 de la siguiente imagen.

Por otro lado, si vas a impartir un curso orientado a que los alumnos aprendan una competencia determinada o perfeccionen una faceta de su desempeño profesional, organiza tu acción en módulos y unidades didácticas.

Valora, según la profundidad de la materia que tengas que abordar y el tiempo que te den para ello, si es oportuno o no incorporar capítulos. No obstante, mi sugerencia es que elijas siempre la opción más rigurosa y simplificada.

Nos quedaría un documento similar al que vemos en el ejemplo 2 de la siguiente imagen.

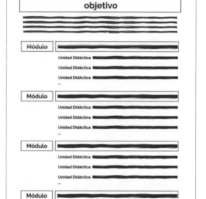

Por último, si vamos a impartir una formación de una jornada o media jornada, sea del tipo que sea, mi sugerencia es que, partiendo del objetivo general:

- Identifiques los ejes esenciales de esa formación, que serán tus unidades didácticas (cuatro como máximo).

- Desarrolles cada uno de esos ejes en subapartados o capítulos (otra vez, cuatro como máximo).

La estructura sería similar a esta del ejemplo 3.

Ejemplo 3

¡Ojo!, siempre respetando los siguientes (y clásicos) criterios de organización de contenidos:

- De los más sencillos a los más complejos.
- De lo que el alumno conoce a lo que menos conoce.
- Contextualizándolos en su propia realidad.
- Haciéndolos significativos.
- Manteniendo una secuencia lógica y continua.

¿Te parece que recojamos todo esto en un documento que nos apoye y sirva de guía?

3. HOJA DE RUTA

Lo que vamos a elaborar es un documento breve en el que se recojan el objetivo y los contenidos que se desarrollarán.

Este documento le servirá al facilitador para visualizar de una vez el desarrollo de los contenidos previstos. Una de sus ventajas es que aporta mucha seguridad y tranquilidad, ya que genera la percepción de que estamos ante una ruta clara y definida. Además, sirve para planificar el trabajo, temporalizar la acción formativa y desarrollar las sesiones de manera equilibrada e interrelacionadas.

También es útil para el alumno. A mí me gusta que lo tengan casi desde el principio. Digo casi porque muchas veces me gusta empezar la experiencia de aprendizaje con alguna actividad de toma de contacto sin condicionarlos demasiado y sin entregarles nada. Este documento le sirve al alumno para saber qué se espera de ellos y cómo se desarrollará el proceso.

Esto también da seguridad a los alumnos, quienes interpretan que la formación ha sido preparada, que se ha pensado en ellos y que hay un orden lógico en lo que se va a hacer. Además, este documento les sirve para saber dónde se encuentran en cada momento, por dónde va la formación y qué sentido tienen las actividades que se propongan.

Por último, y si fuera pertinente, a la entidad, empresa u organización en la que vas a desarrollar la formación este documento le sirve para conocer el menú, qué es lo que se va a hacer y con qué propósito, algo que incrementará tu fiabilidad como docente.

Elaboración de la hoja de ruta

Procura, en la medida de lo posible, que este documento no ocupe más de un folio (si puede ser, por una sola cara), pues facilitará la visualización de toda la acción formativa de una vez.

Plantilla: Instrucciones para elaborar la hoja de ruta

Cuida la presentación. Es importante que sea de fácil manejo, que aparezca limpia y correctamente identificada y diferenciada de otras acciones formativas.

Refleja en el encabezado de página: el título de la acción formativa, el contexto formativo, el cliente para el que impartes la formación y tu nombre y apellidos. Puedes aprovechar el pie de página para incluir tus datos de contacto.

En el cuerpo del mensaje refleja de nuevo el título de la formación en una fuente mayor y a continuación el objetivo y el desarrollo de la estructura.

Este documento contiene únicamente los módulos o bloques y sus unidades didácticas. Creo que no resulta conveniente reflejar los capítulos o subapartados ya que lo saturaríamos de información y, por otro lado, la programación perdería flexibilidad y dinamismo (sabemos que vamos a dar los módulos y unidades, pero no tenemos la certeza completa de desarrollar todos los capítulos o si estos necesitarán alguna modificación en función de lo que nos encontremos en la formación).

En el caso de que los módulos tengan sus objetivos específicos formulados, sí es conveniente incorporarlos.

En cuanto a otra información que de manera breve puede aparecer en la hoja de ruta y que resultará útil a los participantes, podría estar:

- Criterios de asistencia, horarios y horquillas temporales.
- Criterios de participación.
- Identificación de las actividades evaluables.
- Criterios de evaluación (los veremos en su momento).

Ten en cuenta que, si te decides finalmente a entregar este documento, tendrás que averiguar si la formación está subvencionada o bonificada, pues en estos casos quizás tengas que incluir algún logotipo.

Líneas estratégicas de este capítulo

◯ Nuestra primera y principal referencia a la hora de identificar y seleccionar los contenidos es el objetivo de la acción formativa.

◯ Selecciona los contenidos que respondan de forma específica a las necesidades del objetivo.

◯ Para saber si un contenido es adecuado debemos plantearnos, en primer lugar, dos preguntas: ¿es útil? y ¿para qué sirve?

◯ Un contenido es funcional si resuelve ágilmente alguna cuestión que favorece la productividad, incrementa el beneficio o el bienestar del alumnado y su aplicación en contextos reales es viable.

◯ Los contenidos se pueden estructurar en módulos, unidades didácticas y capítulos. Dependerá del contexto de la formación que optemos por una u otra forma de organizarlos.

◯ En todo caso, a la hora de estructurar y presentar los contenidos debemos partir de los más sencillos a los más complejos y de lo que el alumno conoce a lo que menos conoce. Además, es importante contextualizarlos, hacerlos significativos y que su secuencia se perciba como lógica y continua.

◯ La hoja de ruta es un documento breve y sencillo que permite, de un vistazo, conocer el objetivo y la secuencia de contenidos prevista. Es un documento que se comparte con las personas que participan en el proceso de formación.

6
LA SECUENCIA

 OBJETIVO DEL CAPÍTULO: Diseñar sesiones formativas articulando una secuencia de actividades coherente que faciliten la consecución de los objetivos.

1. UN PLAN DINÁMICO Y FLEXIBLE

Con los contenidos claros, definidos y orientados a la consecución del objetivo, ahora toca pensar en cómo los vamos a transformar en una experiencia de aprendizaje.

Antes de meternos en ello, considera algunas cuestiones en este sentido.

En primer lugar, una cosa es lo que tú diseñes y otra será lo que ocurra. A veces serán cosas muy parecidas y otras menos, pero es muy raro que lo que has previsto ocurra tal cual lo has imaginado al 100 %. Pueden acontecer muchas cosas que no están en nuestra mano, desde la falta o el mal funcionamiento de una herramienta hasta reacciones inesperadas de los alumnos, el ritmo que los participantes le den a las actividades o los temas transversales que puedan surgir; se trata de cosas que, por mucho que trates de anticiparlas, tienen una naturaleza imprevisible. Cuanto antes empieces a aceptar esto con naturalidad y sin miedos, antes comenzarás a disfrutar de una de las mejores cosas de la formación: que es algo vivo, dinámico y con entidad propia.

Nuestra programación no puede ser rígida. No puedes «planificarlo todo» para «controlarlo todo». Puedes planificar para ganar en «capacidad de respuesta» (que no es poco), pero en ningún caso para tener control sobre lo que pasará. Esta planificación, por tanto, debe permitir una adaptación suficiente a la realidad que acontezca en cada momento.

Es más, tu programación formativa debería admitir mejoras, cambios y adaptaciones en el momento y para futuras ocasiones en las que tengas un encargo similar.

En este sentido, no tiene nada que ver tenerlo todo preparado y utilizar la improvisación como recurso con basar el trabajo en lo que vaya aconteciendo. La improvisación como recurso imprime potencia a la formación, pero como método la deja a merced de lo que acontezca, difuminando su efecto.

Diseñar la formación no implica convertirnos en esclavos de nuestra planificación y secuestrar el proceso, a sus participantes y a nosotros mismos en la prisión de lo programado, como si hubiéramos querido meterlo todo en una jaula pequeña e incómoda. Diseñar un proceso formativo implica tener una estrategia clara y flexible para llegar a un objetivo.

Por tanto, constrúyelo todo para luego deconstruirlo si fuera pertinente, porque entonces esa disrupción (necesaria) tendrá sentido, fundamento y aportará valor.

2. ACTIVIDADES

Tienen una doble utilidad:

- Funcionan como los elementos que conforman el proceso formativo, esto es, cada uno de los ladrillos que dan cuerpo a la estructura formativa.
- Son lo que se hace en la formación, las acciones u operaciones que utilizamos para transmitir, practicar, consolidar y evaluar.

Evidentemente, estas dos perspectivas son complementarias e interdependientes.

Si te fijas, una experiencia de aprendizaje no es más que una secuencia de actividades presentadas estratégicamente que persigue una intención final.

Pieza a pieza

Si conoces el propósito de cada una de las actividades, estarás en condiciones de construir la secuencia que conformará tu propuesta formativa.

Actividad de presentación

Es aquella o aquellas de las que nos valemos para presentar cualquier elemento de la formación: formador, alumnos, objetivos, contenidos, metodología, etc.

Sirve para dejar claro el contexto de la formación y facilita el aterrizaje de los participantes. Según su dinámica, puede cumplir una función de acomodación de las personas en el grupo.

Actividad de toma de contacto o activación

Con ella tratamos de activar el interés y la motivación hacia la formación o hacia algún tema o aspecto de esta.

Se trata de iniciar a las personas en la materia, no creando la necesidad sino despertándola.

Actividad de detección de necesidades (o evaluación inicial)

Se trata de conocer el punto de partida de los alumnos respecto a los contenidos y los conocimientos previos con los que se presentan a la formación. Esto nos va a permitir calibrar el grado de profundidad que tendremos que darle al desarrollo de la materia, ajustar las propuestas que tenemos preparadas, anticipar algunas de las dudas que puedan surgir, etc.

Nos permite conocer hacia dónde basculan los intereses de los participantes, qué demandan del proceso formativo o qué temas esperan con mayor interés.

Si hemos hecho un buen trabajo previo antes de la formación, observarás que estas demandas estarán perfectamente encuadradas en tu programación. Lo que esta actividad nos permite es afinar nuestra propuesta.

Actividad de desarrollo

Con ella transmitimos y hacemos accesibles los contenidos a los participantes.

Es la acción o acciones de las que nos valemos para facilitar la materia, explicar conceptos, hacer demostraciones y poner en valor las actitudes necesarias para una aplicación efectiva de lo aprendido.

No siempre las llevamos a cabo los facilitadores; en muchas ocasiones nos encargaremos de generar el contexto adecuado y proporcionar los materiales para que sea el propio alumnado quien desarrolle el contenido por sí mismo.

Actividad de consolidación

Con ella reforzamos la adquisición de los conceptos transmitidos o desarrollados.

Es posible que para algunas personas sea la primera vez que aplican de forma práctica los conocimientos con esta actividad. Sin duda, se trata de uno de los momentos en los que más aprendizaje se produce, donde pueden surgir muchas dudas, errores y equivocaciones. Por ello, como facilitadores debemos extremar la precaución, dar un *feedback* cuidadoso y efectivo, tener paciencia e incrementar nuestra capacidad reforzadora.

Actividad de síntesis

Su propio nombre lo indica: con ella hacemos un resumen de lo que hemos desarrollado. Nos sirve para recordar y resaltar los puntos más importantes y, al mismo tiempo, nos reubica y nos recuerda en qué lugar estamos dentro de nuestra hoja de ruta.

Es una de las actividades con más impacto en el proceso de aprendizaje ya que afianza las ideas fuerza, sirve de excelente bisagra entre un contenido y otro, da coherencia al proceso y facilita la comprensión global de lo que estamos desarrollando.

Actividad de evaluación

Facilita al alumno el retorno de su desempeño en la formación.

Con ella el alumno sabrá si está orientado al objetivo, en qué medida lo está consiguiendo, qué logros son los que va alcanzando y qué necesita mejorar para incrementar su grado de adquisición.

Otras actividades

Las actividades anteriores conforman la estructura básica, pero puedes encontrarte con circunstancias en las que tengas que hacer uso de otras actividades:

- **Actividad de dispersión.** La utilizamos cuando necesitamos recalibrar las energías de los participantes porque hay que darles descanso, desconectarlos de algún contenido o romper la dinámica que se ha generado.
- **Actividad de refuerzo.** Normalmente se utiliza cuando no hemos conseguido consolidar o cuando de manera grupal o individual entendemos que se necesita un apoyo para que la consolidación pueda darse.
- **Actividad de ampliación.** Recurrimos a ella para ofrecer un desarrollo mayor del tema a un grupo o a alguna persona en concreto. En este caso la consolidación se ha dado y cabe

(porque lo demande el alumno o a iniciativa del docente) una mayor profundización en la materia.

¿Cómo podemos usarlas?

Acabamos de ver cuál es el propósito de cada actividad y para qué sirve. Ahora toca resolver cómo podemos usarlas. A mí me gusta imaginar que cada actividad es como una pieza de lego, cada una de un color...

...y que puedo jugar con ellas a partir de la construcción más sencilla y lógica...

...o hacer las variaciones que se requieran en cada proceso...

¿Qué claves nos permitirán sacarle todo el partido a esta secuencia?

Plantilla:
Ejemplos de
secuencias de
actividades

La primera, la construcción del «relato». Esto es, configurar la formación como una historia, una experiencia de aprendizaje con coherencia y continuidad. Las personas que participan en ella sienten cómo un paso les lleva al otro y que todo tiene sentido y que las ayuda a la comprensión global.

La segunda, la creatividad. Verás, podrías utilizar la misma secuencia de actividades todos los días y hacer de cada día algo diferente dándoles un contenido distinto. Por ejemplo:

- **Actividad de presentación:** breves intervenciones orales o en un foro, presentaciones cruzadas por parejas (*offline* u *online*), una dinámica de grupo, etc.
- **Actividad de toma de contacto:** una noticia de interés, un vídeo sobre el tema, un caso práctico que se haya producido en el lugar de trabajo, etc.

- **Actividad de detección de necesidades (o evaluación inicial):** preguntas abiertas, preguntas por escrito, un debate sobre el tema, un dilema que les presentes a los alumnos sobre el asunto, etc.
- **Actividad de desarrollo:** una exposición docente, procesos de investigación y descubrimientos de los propios alumnos, la proyección de una película, una demostración, una visita a algún sitio físico o virtual, la presencia o conexión con algún experto, la recogida de información, exposiciones de los propios participantes, un juego, etc.
- **Actividad de consolidación:** una simulación, un caso práctico, un trabajo en grupo sobre los contenidos, una dinámica, la elaboración de un proyecto, un *role playing,* etc.
- **Actividad de síntesis:** una exposición docente, una exposición de los alumnos, una puesta en común, la confección de un mural (físico o virtual), etc.
- **Actividad de evaluación:** una prueba escrita, una simulación, un caso práctico o cualquier variante de las actividades de consolidación que permita la autoevaluación y el *feedback,* de manera individual o colectiva.

Algunos ejemplos

Vamos a imaginarnos una situación ficticia (sencilla para que nos sirva de ejemplo) en la que impartimos un curso presencial de cinco días donde cada día desarrollamos una unidad de contenido o un módulo distinto:

	1.er día	2.º día	3.er día	4.º día	5.º día
Presentación	Presentación por parejas				
Toma de contacto	Vídeo de motivación hacia el tema	Lectura de una noticia sobre el tema	Dinámica de grupo sobre el tema	Visita o videoconferencia con una persona experta	Testimonio de un caso real sobre el tema
Detección de necesidades	Preguntas abiertas sobre el tema	Debate sobre el tema	Ejercicio práctico de evaluación inicial	Resolver un dilema (en subgrupos)	Cuestionario o test sobre el tema
Desarrollo	Exposición docente	Dividir la materia para que la trabajen en subgrupos	Investigar sobre la materia	Visita de interés	Realización de un mapa de ideas
Consolidación	Actividad individual, caso práctico por escrito	Hacer un *role playing* sobre el tema	Hacer un póster con aplicaciones de lo que se ha investigado	Caso práctico por grupos	Hacer una simulación
Evaluación	Cuestionario individual	Cada subgrupo expone la parte de la materia que ha trabajado	Juego de puzles	Concurso de preguntas y respuestas	Práctica final
Síntesis	Cada alumno expresa verbalmente una idea clave	Síntesis verbal del docente	Lectura del póster	Elaborar un decálogo de buenas prácticas	Síntesis verbal hecha por los alumnos

Ahora, imaginamos una situación parecida, pero en un contexto virtual. Aquí no vamos a trabajar por días, sino por bloques de contenidos:

	Inicio y Unidad 1	Unidad 2	Unidad 3	Unidad 4	Unidad 5
Presentación	Presentación escrita en el foro de presentaciones				
Toma de contacto	Video de motivación hacia el tema	Enlace a una noticia actual sobre el tema	Dinámica de grupo sobre el tema	Videoconferencia con una persona experta	Testimonio de un caso real sobre el tema
Detección de necesidades	Cuestionario abierto en el foro sobre el tema	Debate sobre el tema en foro	Ejercicio práctico de evaluación inicial	Resolver un dilema/misterio (en subgrupos)	Cuestionario o test sobre el tema
Desarrollo	Lectura de documento	Dividir la materia en bloques, para que la trabajen en subgrupos	Investigar sobre la materia	Visitar webs de referencia y recoger datos	Realización de un mapa de ideas
Consolidación	Actividad individual, caso práctico	Los subgrupos elaboran una presentación de los contenidos trabajados	Hacer una infografía con aplicaciones de lo visto	Caso práctico por grupos	Hacer una simulación
Evaluación	Cuestionario individual	Videoconferencia en la que cada subgrupo expone la parte que ha trabajado	Juego de puzles	Concurso de preguntas y respuestas	Práctica final
Síntesis	Cada alumno pega una frase-resumen en un tablero digital	Síntesis con un video breve sobre la materia	Puesta en común de las infografías	Elaborar un decálogo de buenas prácticas por subgrupos	Síntesis en video hecha por los alumnos

Secuenciar las actividades de esta manera va a tener dos efectos:

- Tu propuesta se percibirá como coherente y sólida.
- Los alumnos refrescarán continuamente su interés en el proceso formativo, pues estarán encantados de participar en una formación contigo porque saben que cada día es una aventura nueva dentro de una hoja de ruta definida y orientada a la obtención de un beneficio.

3. LA SECUENCIA EN FORMACIÓN PRESENCIAL

Formaciones presenciales de una sola sesión

Si tu formación es una formación única de una sola sesión y la gente está convocada exclusivamente para ella, el procedimiento previo de detección de necesidades, formulación de objetivos, selección de contenidos y diseño de la secuencia es el que hemos desarrollado hasta ahora, siempre enfocado al encargo específico que nos hagan.

Por otro lado, si tu formación está integrada en un programa mayor (por ejemplo, un curso con varios módulos y facilitadores, entre los cuales tú eres uno de ellos), los alumnos tendrán un contexto de partida definido, es posible que ya hayan recorrido parte del camino y tú serás una etapa más del programa que desarrollan. La detección de necesidades será más sencilla ya que el perfil del alumno estará definido hasta con nombre y apellidos; es posible que el objetivo formativo y los contenidos te vengan dados y que tu trabajo consista en desarrollarlos, pulirlos y abrillantarlos para presentarlos adecuadamente y a tu manera (como siempre, ajustándonos al encargo).

Por cierto, en estos casos en los que compartimos contexto formativo con otros docentes, es muy positivo contactar con quienes nos han precedido (si es posible) y preguntarles por el desarrollo de la sesión y las características del grupo. Del mismo modo, deberíamos ponernos a disposición de quien nos continúa.

En estas situaciones de formación compartida, es interesante preguntarles a los alumnos cómo les va, qué han aprendido hasta ahora, cómo van a transferirlo a su día a día, etc. Sus respuestas te facilitarán la continuación del programa general (lo pondrán en valor, al programa y a nuestro cliente), ayudarán a relacionar tu materia con el resto de los contenidos y serán una cortesía para con los asistentes. Por otra parte, debemos tener especial precaución en no enjuiciar el trabajo de otros compañeros ni generar el contexto para que ocurra o se alimenten el chismorreo y la crítica; esto último ni nos interesa ni aporta nada y cuestionaría nuestra profesionalidad.

En uno y otro caso lo importante es que nuestra intervención se abra y se cierre adecuadamente, sea una formación de media jornada (cuatro o cinco horas) o de una jornada completa (siete u ocho horas). Así, facilitaremos la comprensión del mensaje que queremos transmitir y su aprendizaje; además, les daremos fuerza a la propuesta formativa y a nuestra actuación docente. Por ello, tienes que prever los tiempos adecuados que permitan desarrollar y cerrar todo de manera correcta, sin prisas y sin dejar la sesión abierta (de esto hablaremos más tarde).

La secuencia de actividades será la que tú decidas. Incluye el tipo de actividades que necesites. Juega con ellas. Puedes hacer una única actividad de toma de contacto para despertar la atención sobre la materia o varias para presentar cada parte del contenido; incluir una o varias actividades de desarrollo, consolidación o evaluación; incluir una actividad de síntesis antes y después de cada pausa... Levanta tu torre de actividades con creatividad, rigor y pertinencia.

Ahora bien, no agotes a los alumnos, sobre todo si la formación es de una jornada completa y empiezas con ellos a las nueve de la mañana y terminas a las siete de la tarde. Este es un asunto que te adelanto ahora y que luego retomaremos, pero hay momentos en los que el grupo estará más despejado y horas críticas (antes de comer, después de comer y al final de la tarde) en las que la atención se mostrará excesivamente susceptible a otros estímulos. Considera esta variable a la hora de diseñar la secuencia.

Tu estructura puede ser muy expositiva o participativa, dependiendo de la secuencia que propongas. En este sentido, no olvides que se aprende lo que se hace y que los docentes no deberíamos ocupar más de un 30 %, dejando un 70 % para el trabajo del participante.

Elige bien en qué te vas a enfocar para transferirlo de la mejor manera posible. En una formación de un día o de media jornada no te excedas de cuatro ideas-fuerza para desarrollar un objetivo. Sé que en muchas ocasiones no es una decisión fácil. Piensa bien qué es lo que pueden consolidar tus alumnos en este tiempo y que para que algo se consolide necesita ser presentado, desarrollado y trabajado.

Quizás puedas estar pensando que son muchas actividades en un solo día, pero no olvides que cada actividad ocupará el tiempo que tú decidas; es cuestión de imaginación y creatividad. Así que juega con ellas, monta tu secuencia... y recuerda que no tienen forma de piezas de construcción por casualidad.

Formaciones presenciales de varias sesiones

¿Cómo podemos jugar con la secuencia de actividades cuando la formación tiene varias sesiones?

Verás, la actividad de presentación del formador, alumnos, objetivos, contenidos y metodología es posible que solo la hagas el primer día, salvo que se incorpore alguien con posterioridad y veamos necesario replicarla con alguna dinámica que nos permita incluir a esta persona en el proceso.

Es conveniente comenzar la segunda y las siguientes jornadas con una actividad de síntesis de lo que se vio el día anterior. Esto te va a posibilitar construir el relato de la formación enlazando los contenidos de un día con los de otro. Además, quienes faltaron el día anterior podrán retomar el hilo. En la misma línea, es importante cerrar la sesión con un resumen de lo que hemos visto, señalando las ideas-fuerza del día. La actividad de síntesis es esencial en un curso con varias jornadas y una de las que más se agradecen.

Además, las síntesis periódicas, momentos en los que hacemos resúmenes parciales de lo que llevamos, facilitarán la consolidación y ejercerán una función de bisagra entre un tema y otro.

En cuanto a las actividades de toma de contacto, esas que nos sirven para despertar el interés y llamar la atención de los alumnos sobre un tema, son un recurso muy útil para refrescar la sesión en un momento determinado e introducir el siguiente punto.

En el desarrollo de las jornadas es posible que nos demos cuenta de que no siempre es necesaria una detección de necesidades, sobre todo cuando ya hemos avanzado en los contenidos, la parte que vamos a ver no lo requiere y podemos pasar sin problemas a la siguiente actividad.

¿Y qué ocurre cuando dejamos un tema por la mitad para continuarlo al día siguiente? Imagino que ya podrías dar respuesta a esta pregunta: en primer lugar, tratamos de evitar esta situación; en segundo lugar, si no tuviéramos más remedio, fragmentaríamos el tema en subapartados perfectamente secuenciados y diferenciados, lo que nos permitiría cerrar la jornada sin cortar nada, y por último, el día posterior arrancaríamos con una buena actividad de síntesis para refrescar y continuar con el siguiente paso.

4. LA SECUENCIA EN FORMACIÓN *ONLINE*

Aquí la perspectiva es diferente, pues no hablamos de momentos, sino de bloques. El reto está en cómo empaquetar el proceso, esto es, distribuir los contenidos que ya tenemos seleccionados en bloques de actividades. Lo digital condiciona y da forma al proceso.

Nuestra secuencia debe facilitar la capacidad de autogestión del alumno y generar una experiencia práctica y útil. Mantenemos la narrativa; las actividades aparecen como una historia continua en la que se participa activamente.

Seguiremos utilizando nuestras «piezas de lego» para construir este puente hacia el aprendizaje. Teniendo clara la secuencia de actividades que conforma cada bloque, el reto consistirá en calibrar la carga de trabajo y el tiempo que requiere cada actividad.

Una buena distribución en bloques de la experiencia de aprendizaje te ayudará también a realizar un buen seguimiento posterior del progreso de los alumnos.

A la hora de diseñar la secuencia de actividades en esta modalidad, el criterio más efectivo es: menos contenido y más consolidación, y a mayor duración más participación.

Formación en línea síncrona

En ella se da la presencialidad, pero de forma virtual, esto es, concurre el grupo de aprendizaje en un mismo momento y cada persona participa desde su dispositivo de forma remota.

La *masterclass* es un tipo de formación *online* síncrona de una sola sesión en la que una persona experta en una determinada materia desarrolla un tema. Suele tener una carga expositiva mayor, lo que no tiene por qué convertirla en un proceso de comunicación unidireccional. Se trata de sesiones que no deberían exceder los treinta minutos. Una opción de secuencia podría ser:

• Actividad de desarrollo, con un máximo de tres ideas-fuerza (en veinte minutos aproximadamente).
• Actividad de evaluación, al final, en la que los participantes formulan dudas e intercambian algunas ideas con la persona experta (diez minutos aproximadamente).

Aunque sea una intervención breve, la formulación del objetivo te permitirá enfocarte y seleccionar las ideas necesarias.

Los *webinars,* otra modalidad de formación *online* síncrona de una sola sesión, son conferencias o talleres con una orientación más funcional dirigidos a la resolución de un problema o la gestión de un dilema determinado y con una duración de 45-60 minutos. Una posible secuencia podría ser:

• Actividad de detección de necesidades, para conectar y calibrar a la audiencia (cinco minutos aproximadamente), por ejemplo, con algún juego de preguntas o intervenciones abiertas (dependerá de la duración y del número de asistentes).

- Actividad de desarrollo, con un máximo de tres ideas-fuerza que aporten claves para dar respuesta al problema o dilema planteado (veinte minutos aproximadamente).
- Actividad de consolidación, propuesta de ejercicio, exposición de una práctica o resolución de dudas de los participantes (quince minutos). Aquí igualmente dependerá de la duración y del número de asistentes.
- Actividad de evaluación (cinco minutos aproximadamente), en la que el alumnado comparte qué se lleva de la sesión, sea con intervenciones abiertas, aportaciones en un panel virtual, etc.

Cuando estamos en una formación que se compone de varias sesiones síncronas, cada sesión debería durar 60-120 minutos como máximo, aunque la realidad es que podemos encontrarnos con formaciones de hasta tres y cuatro horas (en estos casos, insisto intencionadamente: a menos contenido, más consolidación, y a mayor duración más participación). Para estas sesiones:

- Plantea secuencias sencillas y variadas que permitan abrir y cerrar cada sesión, conectando cada una con la anterior y la siguiente.
- Diseña actividades con una duración de 10-20 minutos como máximo.

- Trabaja para consolidar entre tres y cuatro contenidos como máximo por sesión, con no más de tres ideas-fuerza que desarrollen cada contenido.
- Convierte ese tiempo en una auténtica experiencia de aprendizaje en la que los alumnos tengan un papel activo y participativo.

Formación en línea asíncrona

En ella los participantes no coinciden en el tiempo; incluso no tiene por qué darse en grupo.

Cada persona autogestiona su participación, lo que permite al alumnado flexibilizar su proceso de aprendizaje y adaptar la formación a sus propios ritmos y horarios. Eso sí, que los participantes no coincidan en el tiempo no quiere decir que no exista interacción o se tenga que reducir su participación. En el caso de que esta formación se esté desarrollando en grupo, debemos estimular el trabajo colaborativo y el sentimiento de comunidad de aprendizaje.

La secuencia de actividades, apoyada en soportes digitales, debe mantener una estructura intuitiva y fácil de entender, de forma que con un vistazo la persona comprenda el recorrido que se le propone.

Seguiremos trabajando en paquetes de actividades conectados, a través de los cuales desarrollamos y consolidamos los contenidos. Recuerda la importancia de abrir cada bloque, desarrollarlo y cerrarlo.

El grado de autonomía del alumno es alto, así que las actividades que propongas deben quedar muy bien definidas, como veremos más adelante.

Microlearning o microaprendizaje

Es una tendencia dentro de la formación asíncrona que se basa en la fragmentación de los contenidos, que se presentan en píldoras digitales que no exceden, como mucho, de quince minutos.

Esta modalidad permite que los contenidos puedan ser consumidos en un corto espacio de tiempo, desde cualquier sitio, en cualquier momento y desde cualquier dispositivo, siendo una forma también de aprendizaje electrónico móvil o *m-learning* (que es el que se desarrolla a través de dispositivos móviles como *smartphones*, tabletas, etc.).

Todas estas variables condicionan el diseño de la secuencia de actividades, que, por muy poca duración que tenga, debe seguir respondiendo claramente a un objetivo de aprendizaje.

En estos casos debemos presentar un contenido práctico y funcional (que es posible que se consuma en el momento en el que se necesite), que transmita solo una idea y que pueda ser presentado en una secuencia de actividades mínima que genere una interacción suficiente por parte del alumno.

En las actividades de desarrollo utiliza recursos dinámicos que permitan exponer la información en poco tiempo, por ejemplo, en vídeos de dos o tres minutos. Para consolidar y evaluar, invita a la participación a través de preguntas y juegos, genera reflexión y enlaza a otros sitios donde los alumnos puedan ampliar la información.

Utiliza tu creatividad para generar una experiencia breve que permita la resolución de problemas a las personas.

Formación en línea mixta: síncrona + asíncrona

En este proceso formativo se alternan momentos de trabajo asíncronos, en los que los alumnos se autogestionan individualmente, con otros síncronos, en los que el grupo de aprendizaje coincide. Es una buena opción para formaciones extensas en el tiempo.

En el diseño de esta formación nos apoyamos en los tipos de actividades y propuestas de secuencia descritos anteriormente; no obstante, es crucial aprovechar los momentos de trabajo síncrono para:

- Realizar síntesis parciales de lo trabajado y avanzar los contenidos nuevos que vamos a desarrollar.
- Orientar sobre la mejor manera de organizar el trabajo, qué es lo que hay que hacer, cómo hay que hacerlo y cuándo es recomendable o necesario hacerlo.
- Despejar dudas sobre la materia y el funcionamiento de la formación.

Secuencia de actividades en *blended learning* (*b-learning*)

Esta modalidad es la formación semipresencial que combina una parte presencial en aula física con una parte *online* en aula virtual.

En este formato mixto podemos caer en el error de pensar que la parte presencial es independiente de la virtual y terminar planteando una formación con una cabeza (mismo objetivo) y dos cuerpos (desarrollos diferentes).

Es absolutamente necesario que tengamos una visión global y que pensemos en esta formación como un todo, ya que todas las actividades (presenciales u *online*) forman parte de una misma estructura. No caigas en el error de diseñar por un lado la parte presencial y por otro lado la virtual.

La clave está en generar una adecuada sinergia entre los momentos presenciales y los no presenciales. Evidentemente, todo dependerá del tiempo que tengamos para una y otra modalidad (no es igual que tengamos un 50:50 para cada una de las modalidades que un 25:75 o un 15:85). En todo caso, aprovecha las sesiones presenciales para:

- Realizar actividades de síntesis de lo que se ha dado y presentar los contenidos nuevos.
- Apoyar a los alumnos sobre cómo organizar el trabajo y dejar claro lo que hay que hacer y cómo hay que hacerlo.

- Distinguir las dudas que puedas solucionar *online* de las que requieran tu presencia para optimizar bien el tiempo y los recursos.
- Asegurarte de que todo el mundo entiende el funcionamiento de la formación, las herramientas y los medios necesarios.

Insisto: todo dependerá del tiempo que se asigne a una y a otra modalidad. Si la parte presencial es mínima, tendremos que priorizar los cuatro puntos anteriores sobre el desarrollo de contenidos, que se hará mayormente *online*. Si tienes margen, incluye alguna actividad de consolidación y algún momento en el que los alumnos puedan compartir sus sensaciones sobre la marcha del proceso.

Si la parte *online* es mínima, conviértela en un espacio para consolidar lo abordado en el aula presencial, practicar, hacer trabajos colaborativos, etc.

5. MONTANDO LA SECUENCIA

Formaciones cortas: diseño por capas o columnas

Posiblemente es el mejor sistema para diseñar formaciones de uno o varios días; formaciones cortas, en todo caso.

Se trata de diseñar toda la secuencia formativa de manera continua, lo que nos aportará una perspectiva completa del proceso y nos ayudará a mantener la coherencia de la estructura interna. Trabajaremos por columnas con nuestras «piezas de lego».

Paso 1. Genera una columna con tu secuencia de actividades. Haz la columna completa e indica únicamente el tipo de actividad de que se trata, con qué contenido se asocia y para qué sirve. ¡Solo eso!

Cuando tengas esta columna, échale un vistazo y pregúntate si esta secuencia responde a un adecuado desarrollo y si genera la experiencia de aprendizaje que pretendes.

Paso 2. Añade una columna más en la que, ahora sí, indicas en qué consiste cada actividad y la metodología que vas a usar (de esto hablaremos en el capítulo siguiente).

Gráficamente estos serían los pasos en un ejemplo ficticio sobre un taller de gestión de conflictos:

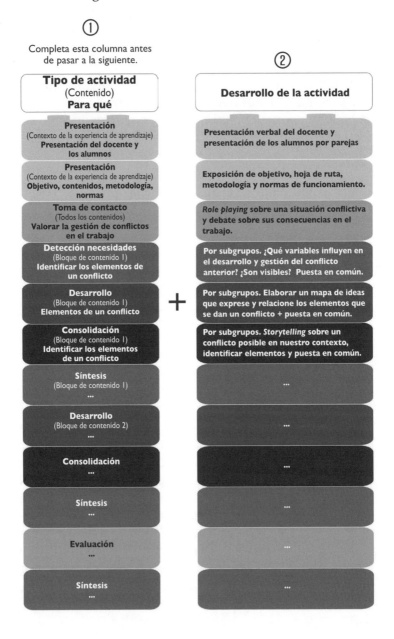

Posteriormente añadirás más columnas para indicar el tiempo estimado que te requerirá cada actividad y para señalar los recursos, materiales y herramientas que necesitarás en cada momento. Lo veremos en los siguientes capítulos. De momento, quédate con estos pasos para entender bien la dinámica de este diseño.

Formaciones largas: una alternativa más ágil

En el caso del diseño de una formación más larga, de dos o más semanas, no tiene sentido que la programes de forma completa y al detalle antes de empezarla. La inversión de energía puede ser excesiva e inefectiva. Recuerda que tu diseño formativo es un pronóstico de lo que tú crees que debe ocurrir, pero no necesariamente es lo que ocurrirá. De hecho, lo normal es que no sea así.

Habrá actividades que duren más o menos tiempo del que tú tenías previsto. Además, con el paso de los días irás conociendo a los participantes, su nivel y sus necesidades reales, y sabrás hasta qué punto puedes profundizar en los contenidos. También conocerás mejor los medios y recursos a tu disposición. Todas estas variables afectarán al proceso. Si lo tuviéramos todo microprogramado desde el inicio, este diseño se iría descuadrando con el paso de las jornadas.

Como mucho podrás tener preparados cuatro o cinco días, y aun así tendrás que ir ajustando lo programado diariamente al ritmo real del proceso.

Estos son los pasos:

1. Calendariza la formación señalando la fecha de inicio y la fecha final y marcando las distintas etapas (módulos) del proceso formativo. Ahora tendrás una primera estimación de cuánto tiempo necesitará cada contenido.

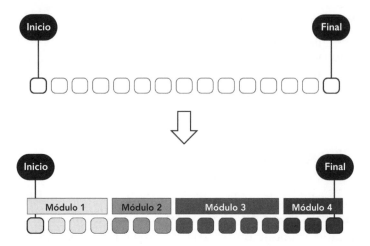

2. Diseña la secuencia de actividades en ciclos de tres o cuatro días (como mucho), con el foco en el ciclo en el que nos encontremos en cada momento. Si programas menos días puedes verte apurado en algún momento, con la despensa vacía y los alumnos hambrientos, y si programas más posiblemente estés haciendo un trabajo en balde ya que seguramente tendrás que rehacerlo.

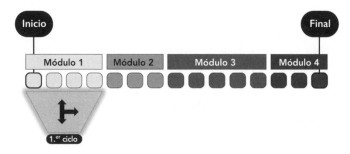

3. Revisa cada día la evolución del proceso (ritmo, nivel de dificultad, participación, interacciones entre las personas participantes, imprevistos, etc.) y haz los ajustes pertinentes.
4. Programa el siguiente ciclo de tres o cuatro días con el margen suficiente para aprovechar la información real que vas teniendo del proceso y siempre con la próxima sesión cubierta.

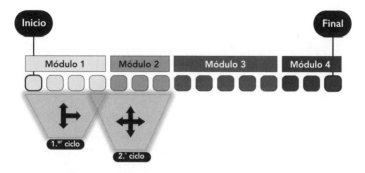

5. Diseña el final del proceso pensando en la transferencia de los contenidos al contexto real de los alumnos y que el aprendizaje realmente se producirá cuando lo trabajado en formación se transforme en conductas replicables en el futuro.

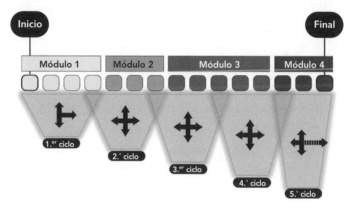

De esta forma estamos diseñando, ejecutando y revisando en ciclos cortos, manteniendo el foco en el momento inmediato y con margen para reajustar las actividades.

Diseñar la formación de esta manera requiere una adecuada capacidad de anticipación, organización y disciplina profesional para mantener el pulso al proceso.

Frente a la falsa seguridad de «tenerlo todo preparado» en una formación de este tipo, optamos por una fragmentación del proceso de diseño que nos exigirá alerta y trabajo continuo para dar a los participantes una respuesta más fresca y real.

Líneas estratégicas de este capítulo

○ La programación formativa es un pronóstico de lo que esperas que ocurra en el aula, que no quiere decir que sea lo que necesariamente ocurrirá. Debe ser flexible y permitir una adaptación a la realidad de cada momento.

○ Trabajamos con siete tipos de actividades básicas: presentación, toma de contacto o activación, detección de necesidades o evaluación inicial, desarrollo, consolidación, síntesis y evaluación. Otras actividades son las de dispersión, refuerzo y ampliación.

○ La secuencia de actividades debe responder directamente a los objetivos que se han establecido y permitir un desarrollo continuo y coherente. La clave está en el contenido que tú le des a cada una de estas actividades.

○ En formaciones presenciales de una sola sesión diseña una secuencia que pueda ser abierta y cerrada de manera adecuada.

○ En formaciones presenciales de varias jornadas es importante conectar un día con otro, generando un relato coherente y continuo para los participantes.

○ En el caso de formaciones en entornos virtuales elaboraremos paquetes de contenidos.

○ Las formaciones *online* pueden ser síncronas (*masterclass, webinars* o sesiones formativas) o asíncronas (de varios días o semanas, o en *microlearning*).

⊂◯ En formaciones *blended learning* es absolutamente necesario que todas las actividades (presenciales u *online*) se integren en una misma estructura. No caigas en el error de diseñar por un lado la parte presencial y por otro lado la virtual como si de dos procesos distintos se tratase.

⊂◯ Para diseñar las sesiones formativas cortas trabajamos por capas o columnas. Para el diseño de sesiones formativas largas es más efectivo trabajar por ciclos de cuatro o cinco días.

7
¿CÓMO LO HAGO?

 OBJETIVO DEL CAPÍTULO: Conocer y desarrollar la metodología que genere una experiencia de aprendizaje óptima, apoyándola en los materiales, herramientas, medios y recursos necesarios.

1. VARIADA, FUNCIONAL Y PARTICIPATIVA

Para entender bien el proceso de diseño de una acción formativa, debes tener en cuenta que hay cuestiones que en la práctica se solapan. Por ejemplo, al decidir un tipo de actividad en cierta medida ya estás decidiendo también sobre la metodología que vas a usar, los recursos que te harán falta e incluso el tiempo que deberías dedicarle a cada parte.

No obstante, en el contexto de este libro necesitamos diferenciar todos los elementos de la programación formativa para conocerlos bien, comprender cómo funcionan y luego manejarlos para sacarles el mejor partido. Es cuestión de técnica.

En este punto en el que nos encontramos, con la estructura de la formación definida (objetivos y contenidos) y la secuencia de actividades montada, nos vamos a enfocar en la forma en la que vamos a llevar a cabo cada una de esas actividades. Esto es, vamos a determinar la metodología, las herramientas y los recursos que pondrán en pie nuestra propuesta formativa para que se convierta en una auténtica experiencia de aprendizaje.

Es importante que tu metodología sea variada (que combine los métodos de forma pertinente para que la experiencia resulte multimodal e inmersiva), funcional (que permita la transferencia de lo aprendido para la resolución de problemas y situaciones cotidianas), participativa (que involucre y convierta a los alumnos en protagonistas de sus procesos a través de sus acciones y reflexiones) y adecuada al contexto formativo.

Para que tengas un abanico de opciones en este sentido, en primer lugar, voy a compartir algunos métodos para que puedas poner en pie tu formación y, posteriormente, algunas referencias básicas sobre tipos de experiencias inmersivas que te pueden abrir caminos muy creativos y vivenciales en el desarrollo de tus formaciones.

Resultaría excesivo desarrollar completamente cada uno de estos métodos, pero tienes lo básico para que puedas conocerlos, indagar y experimentar con ellos.

2. LOS CLÁSICOS NUNCA MUEREN

Método expositivo

Se corresponde con la clásica exposición docente. A pesar de que sigue siendo el más usado con diferencia, tiene cierta mala prensa ya que parece que se aleja de una formación activa y participativa.

Personalmente me parece un método fantástico si se emplea adecuadamente, ya que una buena explicación docente sigue teniendo un valor incalculable.

Para su buen uso requiere habilidades comunicativas (tener claro el mensaje, estructurarlo adecuadamente, moverse bien por el entorno en el que se trabaja, mantener el contacto visual y esencialmente ser claro en el discurso), buenos apoyos materiales (pizarra, alguna presentación que ilustre la explicación, objetos de la práctica real, etc.) y otros recursos menos materiales (uso de ejemplos, preguntas a los alumnos, fomento de la reflexión, etc.).

Todo lo anterior permitirá dinamizar adecuadamente la exposición. El método expositivo no tiene por qué colocar al alumno en una posición pasiva; la participación es necesaria y se puede dar con las interacciones que vayas generando.

Su principal inconveniente, precisamente, es que el alumno caiga en una posición pasiva. Además, es complicado comprobar de forma inmediata hasta qué punto están calando los conceptos. Y, por supuesto, no es el método más adecuado para desarrollar destrezas y actitudes en las personas participantes.

El método expositivo en entornos virtuales puede hacerse de forma síncrona (mediante videoconferencia, en directo) o asíncrona (con vídeos o audios a disposición de los alumnos).

Así, el uso del método expositivo en entornos virtuales requiere algún medio por el que hacer llegar a nuestros alumnos el desarrollo de los contenidos (un programa o aplicación, una plataforma, una red social, etc.). Necesitamos conocer bien este medio o, al menos, ceñirnos a la parte técnica que dominemos por el momento.

Compartir pantalla (para proyectar nuestra presentación mientras hablamos) o el uso de la pizarra digital son funciones que facilitarán a los alumnos la comprensión del discurso. Es más que recomendable que verifiques el funcionamiento de estas utilidades antes de empezar la videoconferencia o la grabación, así como el buen funcionamiento de tu cámara, el micrófono y los altavoces. Comprueba lo anterior con el tiempo suficiente para poder subsanar el problema antes de que empiece la sesión en directo. Por cierto, en exposiciones síncronas, cuida tu puntualidad considerando todas estas previsiones.

Ten claro el guion de lo que quieres decir, contextualiza y estructura tu mensaje y, sobre todo, cierra con una síntesis que refleje las ideas-fuerza. Si la claridad en el método expositivo es un imperativo, en contextos virtuales debe ser una máxima.

En el desarrollo de este método tenemos el reto de mantener la atención de los alumnos. No existe la duración ideal de un vídeo o de una videoconferencia (depende, en cada caso, de las variables del propio proceso), pero el desarrollo de un contenido no debería superar los veinte minutos.

Ojo, si se trata de grabaciones, será más complicado que el alumno aguante hasta el final, ya que debe mantener por sí mismo el nivel de alerta necesario y las posibilidades de dispersión son mayores, por lo que resulta mejor elaborar cuatro vídeos de cinco o seis minutos (cada uno con un mensaje) que uno de veinte.

Igual que hacemos en el entorno presencial, genera interacciones que lo mantengan presente (preguntas abiertas, encuestas, interpelaciones, etc.).

Otros factores que influyen en el desarrollo del método expositivo en estos contextos son: el lugar desde el que estás transmitiendo o donde estás grabando tu exposición (ojo con el fondo: que sea lo más neutro posible), la iluminación o el nivel de ruido que se pueda colar.

Método demostrativo

Está orientado básicamente a que los alumnos aprendan una habilidad determinada. Se desarrolla en tres fases:

- El facilitador explica lo que va a hacer y prepara a los alumnos para que entiendan la tarea.
- El facilitador ejecuta la tarea cuidando de que los alumnos tengan una perspectiva completa de ella.
- Por último, es el turno de los alumnos, quienes realizan de forma autónoma la tarea (individual o colectivamente) bajo la supervisión directa del facilitador.

Es un método fantástico para el aprendizaje de destrezas y actitudes, y además el *feedback* es claro ya que permite constatar directamente qué hace el alumno y cómo.

Para desarrollar este método necesitas dominar la tarea o el proceso que vas a enseñar y tener muy bien estructuradas sus etapas para que sean fácilmente identificables por parte de los alumnos, que luego tendrán que replicarlas.

Ojo, si te decides por este método para desarrollar algunos de tus contenidos, ten en cuenta que es posible que te requiera mucho tiempo y que tengas que prever medios y recursos suficientes para todos los alumnos; es más, no es el más recomendable para grandes grupos (ya que será complicado que te puedan seguir y tú seguirlos a ellos).

Lo bueno de este método es que llevamos a la práctica el «se aprende lo que se hace».

Para llevar a cabo este método en entornos virtuales la clave está en si el tipo de tarea que quieres que los alumnos aprendan puede explicarse remotamente (de forma síncrona o asíncrona), de manera que todos los participantes puedan entenderla y posteriormente replicarla.

Si solo podemos hacer con seguridad las dos primeras fases de este método, estaríamos desarrollando un método expositivo y no demostrativo, como ocurre con la gran cantidad de tutoriales que tenemos en la Red. Para que sea demostrativo, necesitamos que el alumno realice de forma autónoma la tarea bajo la supervisión y evaluación del docente.

Método interrogativo

Este método precioso y fascinante se basa en la capacidad de reflexión del alumno estimulada por el docente, quien despliega toda su competencia facilitadora.

En este caso, el formador formula preguntas a los alumnos, cuyas respuestas va recogiendo en algún soporte físico o digital.

Ojo: en esta fase el formador únicamente pregunta y recoge las respuestas de los participantes.

Posteriormente, con las aportaciones de los alumnos, el docente construye un discurso que le permite explicar el contenido creando un efecto muy bonito, como si los alumnos ya trajeran el conocimiento. El docente lo único que ha hecho es darle sentido a lo que ya sabían y ponerlo en valor.

Se requiere una gran creatividad por parte del formador (para relacionar ideas y generar un discurso con ellas), además de una gran capacidad de síntesis.

No es un método fácil de aplicar ya que precisa una adecuada preparación previa de las preguntas. Debe tratarse de preguntas clave que fomenten la reflexión, pero ni excesivamente complicadas (ya que bloquearía a los alumnos) ni excesivamente sencillas y evidentes (en cuyo caso el método perdería fuerza y valor).

Al mismo tiempo, se necesita una buena habilidad para preguntar, pues corremos el peligro de que las respuestas se desvíen del tema. Tampoco podemos insistir en formular la misma pregunta hasta que nos den la respuesta que estamos esperando. Del mismo modo, siempre existirá el riesgo de que se creen debates si surgen posiciones encontradas.

Ojo, nunca habrá respuestas equivocadas. Tal y como lo lees. Estamos en un contexto de aprendizaje, por lo que la respuesta habrá supuesto un esfuerzo para el alumno y un interés en participar, y ese esfuerzo y ese interés hay que reforzarlos porque están contribuyendo, entre otras cosas, a que tu sesión funcione. Esa respuesta que se aleja del objetivo simplemente se aleja del objetivo, y así lo haremos saber, pero no deberíamos castigar ni censurar la participación de un alumno que es pertinente en cuanto al tono y la forma.

Cuando empleamos este método nos convertimos en dinamizadores del pensamiento del alumno, le mantenemos activo y atento y le estamos dando un papel relevante en la formación.

Es un método perfectamente válido y aplicable en entornos virtuales tanto de forma síncrona como asíncrona. En este último caso tendremos que hacer un buen trabajo de síntesis de las aportaciones vertidas por los participantes y será conveniente compartirla mediante un foro, una videoconferencia, una infografía, una nube de palabras, un vídeo resumen, etc., dándole valor al contenido generado por el alumnado.

Método por descubrimiento

Se basa, como otros, en la participación del alumno y en la estimulación de sus capacidades.

Verás, en primer lugar, le cuentas a tus alumnos qué tendrán que hacer y con qué recursos, medios, herramientas, referencias, sitios, etc., y en segundo lugar, el alumno afrontará el reto, momento en el que supervisarás y apoyarás (en directo o de manera diferida) y propondrás rectificaciones a la ejecución del alumno (recuerda que el método se llama «por descubrimiento», así que tendrá que ser el alumno y no tú el que trabaje, pruebe, descarte, etc.).

Este método facilita la capacidad de análisis del alumno, su autonomía y la responsabilidad sobre su propio aprendizaje. Si la actividad se realiza en grupo, se fomentará también el aprendizaje colectivo y el trabajo en equipo. Por otro lado, este método requiere del alumno cierta tolerancia a la frustración, ya que lo normal es que se tope con una u otra dificultad.

Tendremos que afinar nuestra capacidad de observación como docentes, ser pacientes y estar muy atentos a las preguntas que nos formulen ya que nos darán muchas pistas sobre los puntos críticos que se están encontrando los alumnos.

Se trata de un método perfectamente válido para entornos presenciales y virtuales, de manera individual o grupal. Todo dependerá de lo que les propongas descubrir.

Es importante que al final queden fijadas las ideas-fuerza. Utiliza por tanto actividades de consolidación y síntesis para ello tras la aplicación de este método.

Método del caso

Con él proponemos a los participantes hechos que configuran una situación real o simulada a la que tendrán que responder aplicando los conocimientos aprendidos.

Los alumnos deberán evaluar, decidir y proponer soluciones y líneas de gestión determinadas al problema o dilema que les planteemos mediante el caso. Así, es importante que este se encuentre relacionado con los objetivos de aprendizaje, permita la aplicación práctica de los contenidos y sea gestionable, real, interesante y actual.

En entornos virtuales puedes plantear el caso como una tarea que ha de entregar cada alumno o como un trabajo en grupo (sea de forma asíncrona utilizando documentos de edición colaborativa cuyo resultado se entrega y se comparte en un foro, sea de forma síncrona a través de videoconferencia, con división de los alumnos en salas para que aborden el caso por subgrupos y posteriormente hagan una puesta en común de los trabajos con el resto de los compañeros).

Método activo-creativo

Se basa en la acción del alumno y en la experiencia que se genere. Por tanto, es un método vivencial que trata de sumergir al participante en una serie de situaciones y dilemas que tendrá que resolver. La diferencia con el método anterior es que ahora jugamos con metáforas, mientras que en el método del caso se trataba de situaciones reales perfectamente definidas.

El ejemplo más representativo es el de las dinámicas de grupo, situaciones «de laboratorio» que permiten abordar la parte más actitudinal de nuestros contenidos. De hecho, es el método más adecuado para trabajar las actitudes.

Además de las dinámicas de grupo, se incluyen actividades que impliquen la utilización de elementos que no son propios del contexto profesional del alumno para trabajar aspectos que sí son de su ocupación u otros casos en los que empleamos elementos y herramientas que son de su ocupación con otra finalidad diferente a la de su uso convencional.

Es un método perfectamente aplicable a entornos presenciales y virtuales, de manera individual o colectiva, con las adaptaciones pertinentes.

3. EXPERIENCIAS DE INMERSIÓN

Clase invertida o *flipped classroom*

Con esta metodología el formador facilita recursos y genera el contexto para que los alumnos aprendan a través de su propia actividad.

En un primer momento, fuera del aula o en momentos de trabajo asíncrono, los alumnos toman contacto con la parte conceptual de la materia de manera autónoma y familiarizándose con ella mediante documentos, sesiones grabadas, vídeos didácticos y otros recursos.

Posteriormente, ya en el aula o en momentos síncronos, los alumnos consolidan los conceptos a través de su puesta en práctica para resolver los problemas que el docente les propone y en los que tendrán que aplicar lo que han trabajado previamente.

Con esta metodología los alumnos son los auténticos protagonistas, pues aprenden descubriendo y haciendo. El formador dispone de más tiempo en el aula (presencial o en línea) para dinamizar la aplicación de lo aprendido, consolidar, apoyar y resolver las dudas que puedan surgir.

Aunque aplicable a todos los contextos formativos, esta metodología resulta ideal para modalidades semipresenciales.

Gamificación

Consiste en transferir las mecánicas de los juegos a entornos no lúdicos, en nuestro caso a los procesos de aprendizaje.

Más que incorporar juegos al proceso de aprendizaje (aprender jugando), se trata de que el proceso se convierta en un juego en sí (gamificación), facilitando que los participantes aprendan a afrontar de una determinada manera algunos problemas y situaciones y puedan transferir posteriormente este aprendizaje a sus entornos reales.

Si hasta el momento hemos venido hablando de la importancia de generar un relato, ahora este será de aventuras y los alumnos sus protagonistas.

Para gamificar un proceso de aprendizaje nuestra referencia, como siempre, será el objetivo formativo derivado (como ya sabemos) de las necesidades de nuestros alumnos. Con el objetivo y los contenidos claros, crearemos un contexto en el que se desarrollará esa historia que los participantes vivenciarán a través de dinámicas que los harán progresar y acumular aprendizajes.

La existencia de normas compartidas, recompensas, niveles, retos, etc., y un necesario *feedback* que los participantes reciben sobre su desempeño en el juego son algunos de los elementos clave de la gamificación, perfectamente aplicable a entornos físicos o virtuales.

Design thinking

Se refiere a una manera de resolver de forma ágil, creativa y colaborativa un problema, conectando unas determinadas necesidades con soluciones factibles y viables.

El proceso comprende una serie de fases de identificación de necesidades o descubrimiento del problema, definición e interpretación de este, ideación de soluciones y priorización de la más viable/factible para crear un prototipo de solución que genere un ciclo de implementación, testeo y mejora continua de su respuesta frente al problema.

Es una metodología fantástica para que los participantes de una experiencia de aprendizaje pongan en práctica sus competencias y trabajen en un proyecto orientado a la búsqueda de una solución de forma colaborativa. Por ello, tendrán que:

- Hacer un ejercicio de empatía y observación sobre las personas a quienes se dirige su proyecto.
- Con la información anterior, identificar las necesidades de las personas y definir el problema que hay que resolver en función de estas necesidades.
- Activar su creatividad para aportar ideas que den respuesta a ese problema.
- A través de esas ideas, construir un prototipo de solución.
- Implementar el prototipo, testearlo y mejorarlo a partir de las respuestas que se vayan obteniendo.

Proyectos

Se trata de proponer a los participantes que diseñen un plan, a través de una serie de acciones articuladas entre sí, con la finalidad de generar una solución o un beneficio.

Tomando como referencia una determinada situación o un problema real, el participante o el grupo de aprendizaje debe elaborar una estrategia que permita su gestión y, en el mejor de los casos, su solución. Esta situación o este problema (de carácter personal, profesional, social, económico, técnico, etc.), eje del proyecto, debe estar encuadrado en el contexto de la formación de forma que permita la transferencia del aprendizaje.

En este caso, facilitas la base conceptual, procedimental y los recursos necesarios. Con todo ello, los participantes investigan, experimentan y diseñan el plan de acción generando un producto con forma de proyecto.

Simulaciones

Con este método situamos al alumno en el contexto de una situación que tendrá que afrontar y a la que deberá responder aplicando los conocimientos que está aprendiendo. Generamos una situación en la que el alumno habrá de comportarse «como si» tuviera que enfrentarse a ella de la manera más real posible.

Esta representación activará en el participante la transformación del conocimiento en acción. Además, se encontrará inmerso en una situación que le permitirá tener una idea más clara y una mayor comprensión del para qué de lo que está aprendiendo.

Práctica real

Si en las simulaciones el alumno se halla inmerso en una situación hipotética, en este caso está dentro de un entorno profesional auténtico, en el que se encuentra con las situaciones habituales de este contexto.

Esta experiencia permite calibrar al participante y al formador el grado real de transferencia del aprendizaje.

Son experiencias válidas para personas que se están iniciando en alguna ocupación o competencia o que ya tengan experiencia y requieran un proceso de mejora o reciclaje profesional. En todo caso, es necesario orientarlas a un objetivo de aprendizaje que permita enfocar la observación y evaluación de lo que interese en cada contexto.

El formador prepara las situaciones, organiza las actividades, comparte el conocimiento que las personas participantes necesitarán, acoge, acompaña, da seguridad, genera autonomía, facilita la observación, refuerza los progresos y buenos resultados y propone de manera inmediata mejoras en el desempeño.

Plantilla: El método adecuado

4. ¿CUÁL ES EL MÉTODO ADECUADO?

Para saber cuál es el método adecuado a cada caso, apóyate en estas preguntas:

- ¿Facilita la consecución de los objetivos? ¿En qué medida?
- ¿Facilita el aprendizaje? (la aplicación posterior de los contenidos a la realidad).
- ¿Es un método adecuado para este alumno o grupo de alumnos?
- ¿Activa los recursos y competencias propios de los participantes? ¿En qué medida?
- ¿Manejas el método? ¿Te sientes seguro para desarrollarlo?
- ¿Dispones de los recursos necesarios para desarrollar el método?
- ¿Dispones del tiempo necesario que el método precisa?

Formúlate estas preguntas en el contexto de tu programación y considerando la secuencia de actividades que estás diseñando. Decantarse por uno u otro método implica darle un determinado ritmo a la sesión (más o menos intenso) y unas determinadas características (más o menos participativa).

5. ¿QUÉ NECESITO?

Herramientas, materiales, medios y recursos

Toda experiencia de aprendizaje necesita una serie de soportes y objetos que hagan posible la interacción didáctica. Las herramientas (programas, aplicaciones, etc.), los medios (pizarra, proyector, etc.) y los materiales que incluyan contenidos en cualquier tipo de formato nos permitirán llevar a cabo las actividades de aprendizaje.

Seguramente contarás también con algunos recursos, cualquier objeto que, no habiendo sido creado con una finalidad educativa, se utilice con este propósito (una motosierra, una sartén, un casco, etc.).

Con esto quiero llamarte la atención sobre dos aspectos: en primer lugar, la imaginación al poder, es decir, no descartes nada que se pueda usar con una finalidad formativa por muy extraño que te parezca, estés trabajando en un entorno presencial o virtual; y en segundo lugar, los medios y recursos son facilitadores del proceso de enseñanza-aprendizaje y debes seleccionarlos pensando en el alumno y en su utilidad y funcionalidad como apoyo para alcanzar los objetivos propuestos.

Es un error enfocar el uso de un medio como apoyo para el docente. Por ejemplo, es el caso del formador que hace una presentación para él, aunque diga que es para sus alumnos, que le ayudará a decir todo lo que tiene que decir... al mismo tiempo que tritura las neuronas de quienes soportan una presentación saturada de renglones, monótona y casi ilegible. ¿Te suena? El resultado en estos casos nunca es bueno: el formador ha buscado su sensación de seguridad sobre la efectividad del proceso y eso saca a la gente del partido.

Selección de medios y recursos

Una serie de preguntas nos ayudarán a despejar nuestras dudas a la hora de elegir el medio o recurso didáctico más adecuado:

- ¿En qué medida facilita la consecución de los objetivos formativos?
- ¿En qué medida facilita la transferencia de los conocimientos, habilidades y actitudes?
- ¿Focaliza la atención del alumno sobre lo importante o la dispersa (sea porque el material o recurso resulte más llamativo que el contenido o porque sea tedioso)?

- ¿Es necesario? ¿En qué mejora el proceso de enseñanza-aprendizaje con este recurso?
- ¿Sabemos manejarlo?
- ¿Resulta rentable a nivel económico y respecto al tiempo que requiere y al despliegue que necesita? ¿Merece la pena?
- ¿Es funcional en cuanto a su utilidad, comodidad y practicidad?

Elaboración de materiales: documentos escritos y presentaciones

Siguiendo con lo anterior, habrá materiales que tengas que elaborar tú mismo, y esos materiales también forman parte de tu manera de comunicar y de tu marca personal docente.

Vamos a centrarnos en dos materiales recurrentes en los contextos presenciales y virtuales: los documentos escritos y las presentaciones.

Sugerencias en la elaboración de documentos escritos

- Empatiza, redáctalo pensando en su comprensión. Nunca diseñes un documento que no quisieras leer tú.
- Utiliza un mismo estilo, un mismo formato sin adornos ni florituras innecesarias.
- Deja tu nombre y algún dato (correo, web, etc.) que facilite que los alumnos puedan contactarte.
- Contextualiza el documento en la formación identificando el curso, el módulo al que pertenece, la unidad, etc., y titúlalo claramente para que el alumno lo interprete fácilmente.
- Si redactas una instrucción, asegúrate de que esté claramente secuenciada y exprese sin lugar a dudas lo que se espera de los destinatarios del documento.
- Si empleas material de otra persona, cita la fuente.

- Procura un diseño que facilite tanto su lectura (eligiendo tipografías, párrafos, colores, etc., acordes con el tono del tipo de escrito y su mensaje) como su impresión (evitando que quede difuminado o mutilado).
- No subestimes ningún contexto formativo, sea cual sea, busca la excelencia y la simplicidad y considera que cada documento que entregues será parte de la huella que dejas.

Presentaciones

Antes que nada, tengo que comentarte algo: adoro el Power-Point, las presentaciones. En un mundo en el que está de moda hablar de «la muerte por PowerPoint» y asociar las presentaciones gráficas a momentos de tedio y aburrimiento, quiero posicionarme abiertamente en este sentido: las presentaciones suponen uno de los materiales más útiles para la formación que se hayan podido inventar.

Que se haga un mal uso de ellas, con presentaciones aburridas, excesivas e inefectivas, no las convierte irremediablemente en un arma de destrucción masiva del aprendizaje.

Un material que permite ilustrar una exposición, con indicaciones, apuntes, gráficos e incluso vídeos, que permite tener delante la estructura de lo que estamos desarrollando, enfatizar ideas, etc., no puede ser un mal material.

De hecho, nada es un mal material si se utiliza de forma pertinente y con un propósito claro, alineado con el objetivo.

Por ello, y sin ánimo de ser exhaustivo:

- No diseñes tu presentación antes de tener claras la secuencia de actividades y la metodología que necesitas para desarrollar cada una. Será entonces cuando sepas si necesitarás alguna presentación.
- Empatiza; nunca diseñes una presentación que tú no querrías ver.
- Antes de abrir el ordenador, planifica y estructura tu presentación. Desarrolla el mensaje con cuatro ideas-fuerza por diapositiva como mucho.

- Piensa que tu presentación es un material para transmitir un mensaje, no cientos de mensajitos. Ten claro el mensaje principal.
- Las diapositivas deben tener continuidad entre sí y será fácil asociarlas a la parte del contenido a la que pertenecen.
- Mantén un estilo propio de diseño basado en la sencillez y la claridad. Evita adornos y animaciones que no refuercen el mensaje.
- Incluye tu nombre y tus datos de contacto en la primera y en la última diapositiva.
- Ten en cuenta los colores en dos sentidos: el contraste de unos sobre otros (letra/fondo) y que posiblemente el proyector o las pantallas de los alumnos no los reflejen como se ven en tu equipo, así que trabaja con un margen de contraste que te permita salvar esta dificultad.
- No incluyas fuentes con un tamaño inferior a veinte. Procura que el tipo de fuente permita la lectura fácil sobre la pantalla y que su estilo se asocie con el contexto emocional del mensaje.
- Usa como mucho dos fuentes tipográficas distintas en una misma presentación y utilízalas para establecer jerarquías (una para títulos y la otra para contenidos). Saca partido a los recursos de edición de textos (cambio de tamaño, negrita, color, mayúscula, etc.).
- No incluyas párrafos, pues son un gran distractor. Si presentas un párrafo, las personas que lo estén leyendo o copiando no te estarán escuchando (te oyen, pero no te escuchan); otras aprovecharán para desconectar, y bueno... vale, algunos también habrán optado por atenderte (y no hacerle caso a la proyección).
- Haz un uso adecuado de las imágenes, utilizando fotografías que sirvan para comunicar y reforzar el mensaje, pero no para adornar lo que se dice. Si tienes que incluir algún gráfico, recuerda que debe prevalecer su parte visual sobre el texto que lo acompaña.

Materiales didácticos digitales (MDD)

Son los soportes, objetos y documentos digitales que hacen posible la interacción didáctica en este contexto.

Tienen unas características propias: son accesibles en cualquier momento y lugar, resultan interactivos y pueden estar conectados a otros recursos, algo que amplía sus posibilidades. Lo esencial, en todo caso, es que tengan un ajuste preciso al objetivo formativo y den soporte a las actividades que planteamos:

- Muy importante: considera la competencia digital de los participantes a la hora de seleccionar y utilizar los MDD. Al mismo tiempo, ten presente el tipo de habilidades digitales que van a desarrollar o consolidar tus alumnos, que en algún caso formará parte del contenido de la formación y en otros será uno de los valores añadidos que aporte la experiencia de aprendizaje.
- Valora el grado de inclusividad tecnológica y formativa de los MDD que utilices. Evita los que contengan sesgos sexistas o menoscaben la diversidad cultural, religiosa o étnica.
- Los MDD son en su mayoría editables y adaptables, así que ajústalos al contexto de la formación conservando y respetando los derechos de autor originales.
- Ojo, no siempre los recursos «más bonitos» son los más útiles y funcionales.
- Aprovecha las características de los MDD para estimular a los alumnos a localizar información, conectarla y crear conocimiento; incentivar el trabajo colaborativo y la cohesión del grupo de aprendizaje, y crear y compartir sus propios contenidos.
- Cada vez que planteemos el uso de un MDD, ten claro para qué actividad lo vas a usar y cuál es el propósito de esta. Es importante que se mantenga el relato que proponemos, pues no tiene sentido utilizar un recurso digital muy impactante pero que nos saca del proceso.

- En un contexto de formación presencial o semipresencial en el que usemos MDD, no dejes de generar sinergias de estos recursos con los analógicos. Esto creará una experiencia multimodal en la que lo analógico y lo digital conviven y se enriquecen mutuamente, como en la vida misma.

Si te decides a crear tus propios MDD, plantéate:

- ¿Qué finalidad van a tener? (desarrollo de contenidos, actividades de consolidación, evaluación, trabajo colaborativo, etc.).
- ¿Merece la pena crearlos? Averigua si ya existe algo similar que puedas usar y no trates de inventar la rueda... necesitarás ese tiempo y esa energía para otras cosas.
- ¿Qué tipo de objeto vas a crear?, ¿documento, libro digital, vídeo, *podcast*, infografía, videojuego, blog, espacio de trabajo colaborativo, paquete multimedia, narración, etc.?
- ¿Tienes el diseño claro? Planifica lo que quieres antes de ponerte con ello.
- ¿Sabes qué aplicaciones y herramientas necesitas para crearlos? Ojo con esto porque puedes volverte loco con la cantidad de *apps* y *software* existente. ¡Enfócate! Mejor poco y bien, que mucho y regular.

Además de tener clara la respuesta a las cuestiones planteadas, no te olvides, por un lado, de dejar un margen de maniobra para que en futuras ocasiones este material pueda ser revisado, completado, etc., y, por otro, de compartir, intercambiar y enriquecer tu propuesta con la de otros formadores.

6. MI ENTORNO PERSONAL DE APRENDIZAJE (PLE)

A estas alturas te podrá parecer una locura tener que gestionar todas estas variables y fuentes de recursos. De hecho, lo es si no contamos con la forma adecuada de localizar lo que necesitamos en el momento preciso.

Para ello, existe una estrategia que nos puede facilitar mucho la tarea: el *Personal Learning Environment* (PLE) o entorno personal de aprendizaje.

Lo primero, debes tener en cuenta que un PLE no es un programa, una aplicación o una plataforma; un PLE es la manera que tú tienes de ordenar, integrar y sacarle partido a tus experiencias de aprendizaje (a lo que sabes, lo que sabes hacer, a tus contactos, a tus recursos, a tus herramientas, a tus lecturas, etc.).

En realidad, todos tenemos un PLE aunque no seamos conscientes de ello porque los conocimientos llegan (leemos libros, vemos vídeos, acumulamos experiencias, hacemos cursos, compartimos artículos, visitamos webs, participamos de RRSS) y algunas de esas cosas se quedan y otras se van, algunas las retenemos de forma natural y otras las guardamos porque pensamos que merecen la pena y nos pueden ser de utilidad en el futuro. Evidentemente, cuando este proceso de captura y sistematización se hace de forma consciente y planificada, terminaremos sacándole mucho más partido, y en esto consiste el PLE.

Un PLE es tan personal como la mesa de un escritorio: cada persona la organiza como quiere y como más cómoda se acaba encontrando, convirtiéndose en el reflejo de su manera de aprender. Además, un PLE es algo que no se termina de hacer nunca. Si tú cambias, cambia tu PLE; si tus necesidades y preferencias cambian, tu PLE se reorienta.

Enfocado a tu práctica docente, además de ser un repositorio de fuentes que te mantengan en continua actualización, dale un carácter funcional, esto es, que te sirva para resolver problemas, encontrar recursos, herramientas, aplicaciones, opiniones, enfoques, etc.

Igual que nos valemos de una estantería, un corcho en la pared o un cronograma para ordenar cosas y saber dónde se encuentran, con el PLE nos resultarán muy útiles unas herramientas que nos permitan ordenar y tener accesibilidad a nuestros recursos y experiencias de aprendizaje.

Te pongo un ejemplo: imagínate una hoja en blanco y colócate en el centro; de ese centro saldrán tres hilos:

Plantilla: Entorno personal de aprendizaje

- De uno penderán tus herramientas de búsqueda y gestión de información, con las que te suscribes a fuentes relevantes, identificas, capturas y etiquetas información valiosa, tienes localizados recursos, etc.
- De otro saldrán herramientas y aplicaciones que te permiten crear y editar contenidos (nuestro taller de materiales y recursos didácticos, el catálogo de programas que empleamos).
- Y del último penderán herramientas que te posibilitan compartir información, comunicarte y relacionarte con otras personas para desarrollar tu *Personal Learning Network* (PLN) o red personal de aprendizaje.

De una forma muy genérica, esta sería una manera de plantear el diseño de un PLE. Pero lo más importante es que tú crees el tuyo y consigas tener la percepción de saber dónde está cada cosa.

7. ¿QUÉ ME LLEVO?

Llega el momento de hacer el equipaje y preparar las cosas que necesitas para tu formación.

Respecto a lo que te hará falta, ten en cuenta que algunas cosas las tendrán en el lugar en el que vas a trabajar o te las conseguirá quien promueva el curso. Ahora bien, nunca supongas que el medio didáctico o la herramienta existe y está a tu disposición; asegúrate de que lo tienen y solicítalo previamente y con anticipación.

Reserva un tiempo para la elaboración de materiales. Y no me refiero solo a la elaboración de los documentos o de tu presentación; piensa en otro tipo de materiales que podrías necesitar (carteles, impresiones, cartulinas, encuestas o juegos en línea, paneles digitales, etc.). Anticípate para reducir el estrés que preparar todo esto te puede suponer.

¡¡Ah!!, y por último, que no se te olvide llevarte una cosa más: un plan B. A ver, no es que tengas que hacer una programación paralela por si todo falla, porque es bastante improbable que todo falle, pero no está de más que pienses y tengas previsto, por ejemplo, qué harás si falla alguno de los recursos que necesitas para poner en pie las actividades.

La «lista de la compra»

Es la relación de herramientas, medios y recursos que necesitamos y debemos tener disponibles. La reflejaremos en el documento que verás en el capítulo 9 y es esencial que se confeccione con precisión.

Esta lista debe ser clara, explícita y accesible y estar al mismo tiempo visible y bien diferenciada antes y durante la formación. Esto nos permitirá poder reconocer rápidamente qué medios y recursos necesitamos para cada actividad en cada momento, lo que nos enfocará de una forma ágil y efectiva. Da igual que hablemos de una formación presencial u *online*, haz la lista.

Insisto: es importante que esta lista esté bien elaborada ya que puede tirarnos por tierra parte o todo el trabajo de diseño; de nada servirá que hayamos previsto una actividad en la que necesitamos usar tres cartulinas verdes si cuando estamos en clase no las tenemos.

Líneas estratégicas de este capítulo

○ Para crear una auténtica experiencia de aprendizaje nuestra metodología debe ser variada, funcional, participativa y adecuada al objetivo, además de estar adaptada a nuestros participantes y a los recursos disponibles.

○ Los métodos básicos son el expositivo, demostrativo, interrogativo, por descubrimiento, del caso y activo-creativo, con sus adaptaciones pertinentes a los entornos presenciales y virtuales.

○ Una manera de diseñar experiencias inmersivas es haciendo uso de la clase invertida o *flipped classroom,* la gamificación, el *design thinking,* los proyectos, las simulaciones o las prácticas reales en entornos profesionales.

○ Los medios, herramientas, materiales y recursos deben facilitar la consecución de los objetivos y la transferencia del aprendizaje y focalizar la atención de los participantes en lo importante.

○ En la elaboración de textos y presentaciones, empatiza y utiliza diseños sencillos, legibles y con un mismo formato que los asocie a ti y los contextualice en la formación.

○ Asegúrate de que la competencia digital de los participantes es la adecuada a la hora de proponerles materiales didácticos digitales (MDD).

⊂◯ Tu entorno personal de aprendizaje (PLE) es la estrategia que utilizas para ordenar, integrar y sacarle partido a tus fuentes de información, herramientas, aplicaciones y red personal de aprendizaje.

⊂◯ Elabora bien la lista de herramientas, medios, materiales y recursos que te harán falta en cada momento, resérvate un tiempo para la localización y elaboración de lo que necesitas y revisa que tienes todo a tu alcance antes de entrar en el aula física o virtual.

8
UNA CUESTIÓN DE TIEMPO

 OBJETIVO DEL CAPÍTULO: Calendarizar y temporalizar la experiencia de aprendizaje, calibrando su contexto, en función del objetivo de aprendizaje.

Al programar una acción formativa y articular todos sus elementos, pronto nos damos cuenta de que algunos se solapan; así, la temporalización está presente desde el primer momento hasta el último.

La temporalización es uno de los temas más complejos a la hora de diseñar una formación, básicamente porque si la programación es una previsión de lo que ocurrirá en el aula, la temporalización es una previsión de cuándo ocurrirá y cuánto tiempo requerirá cada cosa. Todo esto en un contexto en el que intervienen tantas variables externas que resulta casi imposible acertar de pleno.

No obstante, necesitamos establecer algunas referencias de tiempo que nos orienten y no dejen a la deriva toda la estrategia de aprendizaje. Luego, cuando el proceso se esté desarrollando, ya decidirás hasta dónde se puede llegar con cada actividad y qué margen de tiempo tienes que dejar o recortar en cada una. La clave está en mantener el ritmo adecuado y todas las posibilidades de aprendizaje abiertas. No es fácil pero tampoco imposible.

1. EL CALENDARIO

La macrotemporalización o calendarización es lo primero que hacemos porque nos permitirá ver toda la acción formativa en el calendario de un solo vistazo.

Si es una sola sesión, no hay problema: se fija el día y listo. Eso sí, prevé también los días que necesitarás previamente para preppartela; es importante que reserves en el calendario las jornadas de trabajo que te requerirá el diseño de la formación.

Si la formación es de varios días, considera su duración, los días que ocupa, si la formación se parte con algún fin de semana o festivo o si se desarrollará en días alternos.

Todo esto es importante y afecta a varios aspectos, por ejemplo: a la hora de organizar los contenidos, evita que un tema quede partido (explicar la mitad a final de semana y la otra mitad cuando volvamos del fin de semana); o al distribuir el tipo de actividades, considera si el momento para realizarlas es el más adecuado (por ejemplo, desarrollar una exposición docente el viernes a última hora, cuando los alumnos arrastran más de veinte horas de formación... quizás no sea lo mejor).

Lo primero que hacemos, por tanto, cuando tenemos cerrada la formación, es situarla en el calendario y tener en cuenta cómo quedan las fechas, como una variable más que afecta al diseño de la formación.

2. DISTRIBUCIÓN DE LOS CONTENIDOS EN EL TIEMPO

Hay ocasiones en las que impartimos algún certificado o programa oficial y la duración de la formación y sus contenidos nos vienen dados; en este caso tendríamos que trabajar dentro de esos márgenes.

Otras veces, sobre todo si te dedicas profesionalmente a la formación, eres tú quien crea el programa formativo. Así, tras el estudio previo de detección de necesidades, propondrás un objetivo y unos contenidos; incluso un título. Todo esto ya sabemos hacerlo, pero también hay que determinar una estructura temporal.

Plantilla: Criterios de temporalización

La temporalización va a determinar cuánto tiempo le dedicaremos a cada contenido y será la que termine de configurar la estructura de la formación. La cuestión es que no todos los módulos tienen por qué tener la misma duración, ni los módulos más importantes tienen por qué ser los que más duran.

Para abordar la distribución de los contenidos en el tiempo, hay que tener en cuenta tres variables:

1.º ¿Qué peso tiene cada bloque de contenido en la consecución del objetivo? Te dará mucha claridad asignar un porcentaje de relevancia a cada módulo y aplicarlo al número total de horas para ver qué primera estimación de tiempos sale. ¿Te encaja?, ¿sientes que alguno requerirá más o menos tiempo?

2.º ¿Qué profundidad van a tener cada uno de esos bloques? Esta pregunta tiene que ver con el nivel del curso; tendrás que determinar si los contenidos van a tener un nivel alto, medio o bajo. Ten en cuenta la detección de necesidades previa o, al menos, el contexto formativo (objeto de la convocatoria, experiencia de los participantes, problemas que esperan resolver con la formación, etc.).

3.º ¿Qué desarrollo necesitan esos bloques? Esto es, ¿qué tiempo estimas que necesitarán la metodología y el tipo de actividades que van a desarrollar los contenidos? No es igual que algo se aborde con una exposición (que puede ser de minutos), con una dinámica (que puede requerir horas) o con una visita a un sitio (que puede necesitar un día entero); tendremos que empezar a pensar si se necesita un desarrollo largo, medio o corto para cada bloque.

Se nos puede dar el caso de estar ante un contenido con mucho peso que se va a abordar con un nivel de profundidad alto pero que va a tener un desarrollo corto (imagina el caso de ese concepto esencial en un curso de cincuenta horas pero que solo requerirá una exposición de treinta minutos y una actividad de consolidación de 45 minutos).

También podemos estar ante el caso de un contenido que tiene un peso mínimo y un nivel bajo pero que decidimos que tendrá un desarrollo medio porque se trabajará con una actividad altamente significativa con unos efectos importantes (como una visita a una determinada empresa o la participación de los alumnos en un evento).

La profundidad y el desarrollo corregirán, si fuera necesario, el porcentaje inicial de relevancia. Yo te animo a que lo hagas de manera progresiva: primero abordando el peso, luego la profundidad y por último el desarrollo. Entrarás en una dinámica natural de rectificación de tiempos hasta que consideres que todo encaja.

Estamos trabajando fundamentalmente con estimaciones y con una carga subjetiva importante, y estas tres variables sirven de referencia en tu decisión a la hora de distribuir los contenidos en el tiempo. Durante el proceso te irás dando cuenta de lo acertado o no de tus previsiones y tendrás que rectificar el rumbo unos grados si lo estimas necesario. Eso sí: evitaremos duros golpes de timón y nunca sacrificaremos el tiempo mínimo que cada contenido necesita.

Recuerda: todo lo que se presenta se da, todo lo que se abre se cierra y todo debe hacerse en la medida de tiempo precisa.

3. CLAVES DE TEMPORALIZACIÓN EN FORMACIONES PRESENCIALES

Y aquí llega el quid de la cuestión, porque una cosa es calendarizar y otra bien distinta temporalizar una sesión y decidir cuánto tiempo tienes previsto dedicarle a cada actividad. Algo complejo y sobre lo que no tenemos un control absoluto.

Es verdad que a mayor experiencia en formación acabarás ajustando mejor los tiempos, pero nunca estarás exento de desviarte de tu planificación temporal; de hecho, lo natural es que esto ocurra.

Así, y considerando todo esto, ten en cuenta algunas claves que pueden orientarte a la hora de temporalizar:

• Procura no perder de vista en ningún momento la referencia del total de horas de cada sesión o bloque formativo. No olvides que cada actividad está dentro de un contexto general con tiempo acotado.

   Puede resultar obvio, pero cuando estás metido en un tema y te centras a fondo en una actividad, puedes perder fácilmente esta referencia y descompensar los tiempos basculando en exceso hacia lo que tienes entre manos en ese momento.

• En las sesiones de menor duración tienes menos margen de flexibilidad que en las de mayor duración.

   No es igual programar una sesión de dos horas que una de cinco. En esta última puedes desarrollar una secuencia completa de actividades con cierto margen, pero en la de dos horas tendrás que estar más alerta e incluso la secuencia sufrirá alguna variación: deberás hacer una presentación rápida y efectiva y una actividad de toma de contacto que también te permita detectar necesidades, dejar el espacio suficiente para desarrollar los contenidos con calidad y hacer una actividad de consolidación con la que evaluarás. Eso sí: sigue siendo sagrado e intocable dedicar un tiempo a la síntesis. Y todo lo anterior has de hacerlo sin correr ni transmitir la sensación de prisa o urgencia. Se puede; la cuestión está en la selección de contenidos y en la metodología.

• Antes de darle un tiempo a cada actividad, resulta útil acotar el tiempo de trabajo efectivo que vamos a tener. Para ello, hacemos tres previsiones: una posible demora en el inicio, una previsión de pausas y una reserva de tiempo para imprevistos.

El tiempo restante que nos quede será en el que tengamos para desarrollar las actividades.

Ahora bien:

- **Demora en la hora de inicio.** A mí me gusta empezar a la hora acordada; es más: una de las mejores formas de modelar los hábitos de un grupo es precisamente siendo riguroso con los horarios de inicio y final, algo que tiene a la larga unos efectos muy positivos.

  Pero normalmente, en formaciones de una sola sesión y en la primera jornada de una formación con varias sesiones, es posible que te quieran presentar al grupo o que la gente se demore en ir llegando. Suelo calcular unos quince minutos para este momento (más tiempo me parece excesivo y menos, poco realista). Evidentemente, si conseguimos empezar a la hora y acortar esta demora, mejor.

  Pero lo dicho: a partir del segundo día, si decimos que empezamos a las nueve, empezamos a las nueve. Al final, el grupo acepta la norma, se va amoldando, no quiere perderse el principio de la clase, le da valor a la formación y con el tiempo incrementa positivamente su autoestima colectiva.

- **Pausas.** Me gusta ser realista y riguroso al mismo tiempo. Si se dan veinte minutos para el descanso, tenemos veinte alumnos y todos van a ir a tomar café al mismo sitio... ya te digo que en ese tiempo no están sentados otra vez en el aula, y además le echarán la culpa del retraso al camarero. O si estamos impartiendo la formación en el propio lugar de trabajo, en esos veinte minutos es probable que muchos participantes se vayan a sus puestos a revisar el correo, a adelantar algunas tareas o a ver cómo ha ido la cosa... lo que significa que en el mejor de los casos empezarán su descanso cuando falten unos cinco minutos para volver.

  Cuando me refiero a ser realistas a la hora de fijar los tiempos para las pausas, estoy pensando en tener en cuenta, además de las necesidades propias del proceso formativo, el propio contexto de la formación y a los alumnos. Por ello, lo mejor es guardarte la posibilidad de ser flexible con estos tiempos y, una vez en clase, convertir esos veinte minutos en treinta o en quince. Eso sí, en tu temporalización te sugiero que reflejes el tiempo máximo que entiendas que es adecuado dedicar a la pausa.

Cuando hablo de ser riguroso con los tiempos, hablo de empezar puntualmente. Esto es: si hemos dicho que empezamos tras la pausa a las once y media, a las once y media estamos arrancando. Es conveniente no poner una actividad que requiera la participación necesaria de todo el grupo o que consista en dar un conocimiento o una instrucción clave justo a la vuelta del descanso, ya que es muy posible que algunas personas se retrasen y se vayan incorporando progresivamente. Después de la pausa lo recomendable es refrescar, contextualizar la materia con una síntesis parcial o resolver algunas dudas que hayan podido surgir.

En cualquier caso, si nos sometemos al ritmo que los impuntuales impongan, estos terminarán contagiando a todo el grupo.

En cuanto al número y al tiempo de las pausas, debes tener en cuenta el contexto, los contenidos, su grado de complejidad, las actividades que vas a realizar, la metodología que estás empleado, el perfil de los alumnos (si están acostumbrados o no a estar en un aula, por ejemplo) ...y podría seguir con una docena de cosas más.

Por ejemplo, una actividad expositiva con resolución de dudas, seguida de una actividad individual de consolidación y una puesta en común, requerirá aproximadamente unos ochenta minutos, tras los cuales es aconsejable realizar una pausa.

En cambio, si tras una exposición les propones a los alumnos que trabajen en grupos fabricando un mapa de ideas con cartulinas, rotuladores, etc., y que luego lo expongan, te puedo decir que necesitarás dos horas para todo esto antes del descanso.

En estos ejemplos, la metodología que hemos empleado en uno y otro caso, ambas válidas, han marcado los tiempos y las pausas.

- **Imprevistos.** Un «imprevisto» es cualquier circunstancia que puede acontecer en el desarrollo normal de nuestra programación y dilatar alguna actividad o momento. Por ejemplo, que en un debate o en la evaluación de un ejercicio nos excedamos, que aparezcan cuestiones en clase que no habías contemplado o que tú mismo te enrolles más de la cuenta.

  Los imprevistos no son iguales a las «incidencias», que son sucesos o acontecimientos que no tienen que ver con el discurrir normal de nuestra programación pero afectan a su desarrollo, como que el aula se inunde, se vaya la luz, etc.

  La experiencia me dice que para amortiguar todo esto lo mejor es ahorrar, pues del tiempo de la sesión, considera que un 10 % va a la hucha de los imprevistos. De forma práctica: no apures en el tiempo que tengas para cada actividad; no lo lleves al límite e incluso acuérdate de terminar cada actividad unos minutos antes del tiempo previsto para ella. Toma la siguiente referencia: en una sesión de cinco horas resérvate treinta minutos.

  Puedes estar pensando que qué ocurre entonces con todo este tiempo que hemos reservado para demoras e imprevistos si vamos como un reloj. En este caso, ¡¡felicidades!!, te acabas de encontrar con unos minutos más para consolidar, sintetizar, debatir, reforzar, etc.

Teniendo en cuenta lo anterior, ya tienes el tiempo efectivo de trabajo acotado y puedes empezar a pensar en la duración de las distintas actividades de tu propuesta formativa.

4. CLAVES DE TEMPORALIZACIÓN EN FORMACIONES *ONLINE*

La distribución de contenidos y actividades en el tiempo en la formación *online* necesita otra dinámica que, si bien comparte aspectos importantes con la que utilizamos en la formación presencial, se orienta a salvar su flexibilidad, mantener su efectividad y facilitar su seguimiento.

Hay tres variables que debes tener en cuenta en este sentido:

* **El propósito de la formación,** qué se espera de ella.
* **Las características de los participantes,** cuál es el perfil del alumnado al que nos dirigimos, su competencia digital, si cuenta con experiencia formativa previa en la modalidad *online*, si tiene hábitos de estudio adquiridos, etc.
* La gran pregunta: **¿qué carga formativa estimamos que se necesita y puede asumir el alumno?**

Se trata de cruzar el objetivo de la formación con la realidad del alumno y los requerimientos del proceso formativo.

Evidentemente, si el tiempo de la formación te viene dado (fechas y horas de dedicación), tu trabajo se enfocará en hacer una adecuada secuencia de actividades que encaje de la forma más amable y efectiva en este espacio temporal.

Para los casos en los que seas tú quien diseñe la acción y sus tiempos, son válidos los criterios de importancia, profundidad y desarrollo que comenté para la formación presencial a la hora de distribuir los contenidos en el calendario y que sirven para hacer una primera y valiosa estimación.

Además de todo esto, me parece interesante considerar algunos aspectos respecto a la calendarización y temporalización de las formaciones *online* en sus modalidades síncronas y asíncronas.

Síncronas

En estas formaciones en las que se da la presencialidad pero de forma virtual, es esencial aprovechar precisamente esa presencialidad como medio para mantener alta la conexión y la atención de los participantes.

Ya hemos visto en el capítulo dedicado al diseño de la secuencia de actividades cómo esta formación se puede dar en distintas modalidades:

- *Masterclass,* en las que una persona experta desarrolla una determinada materia, con una duración máxima de unos treinta minutos, de los que veinte servirán para la exposición y diez para gestionar dudas y aportaciones de los participantes.
- *Webinars,* conferencias o talleres con una duración máxima de 45 minutos, manteniendo veinte para el desarrollo de la materia y 25 para la interacción con los participantes.
- Sesión formativa síncrona (60-120 minutos), en la que organizamos la secuencia de actividades en bloques de 10-20 minutos combinando exposición (30 %) y participación (70 %).

Pero una cosa es lo ideal y otra lo que nos podemos encontrar en la realidad, en la que se dan *masterclass* de una hora, *webinars* de hora y media y sesiones formativas de hasta cuatro horas... algo para lo que también tenemos que estar preparados y nos requerirá diseñar una secuencia lo suficientemente atractiva y útil basada en la regla: menos contenido y más consolidación, y a mayor duración más participación.

En todo caso, es conveniente mantener bloques de actividades con una duración no superior a los veinte minutos y hacer pausas de refresco de 5-10 minutos por hora.

Asíncronas

En este tipo de formaciones el trabajo individual del alumno, quien desarrolla el proceso según su propio ritmo, determina todo el proceso.

Ten en cuenta que los ritmos de aprendizaje son distintos en cada persona y que, además, pueden verse afectados por el contexto: horario de trabajo, horquillas horarias en las que presumiblemente se dedicarán a la formación, disponer de mucho o de poco margen para conciliar la formación con la vida, etc. Conocer el perfil de los participantes nos puede dar alguna pista en este sentido.

Son formaciones que requieren una importante capacidad de autogestión del alumno, así que la carga y la frecuencia de trabajo que imprimamos al curso serán factores importantes para facilitar un adecuado seguimiento.

Por tanto, si bien resulta imposible tener criterios fijos y universalmente válidos en este tema, podemos considerar las diez horas de trabajo del alumno a la semana como referencia. Hablamos de una carga de trabajo máxima de dos horas al día de lunes a viernes.

Así, un módulo formativo, que puede durar varios días, no tendría que sobrepasar el límite de las diez horas y su contenido oscilaría entre tres y cuatro unidades, sin que cada una sobrepase las dos horas y media de trabajo como máximo.

Ojo, debes estimar todo el tiempo que la formación requerirá al alumno, esté en línea o no. Esto es, si para hacer una actividad la persona debe leer algo o realizar alguna acción *offline*, este tiempo de trabajo también debe computarse.

Hay actividades que sí podemos contabilizar de forma objetiva, por ejemplo, los vídeos o audios que usemos; en otras tendremos que hacer una estimación, como el tiempo dedicado a la lectura y a la asimilación de lo leído (que son dos cosas distintas).

Algunas plataformas de aprendizaje contabilizan el tiempo invertido por cada alumno. Esto puede ser de mucha utilidad para ir recalibrando el proceso y para futuras ocasiones.

De todas formas, debes prestar atención al ritmo de entrega de las actividades, la percepción de los alumnos sobre la formación (expresada en foros o en evaluaciones intermedias sobre la marcha de la formación) e incluso el nivel de presencia/abandono, pues te darán una pista sobre la relación tiempo/carga de trabajo que has establecido.

5. RITMOS Y MOMENTOS

Otro aspecto clave en cuanto a la temporalización de una sesión formativa tiene que ver con los ritmos de las distintas actividades.

Así, normalmente las actividades grupales exigen más tiempo que las individuales, y cuanto más numeroso sea el grupo (o los subgrupos) de trabajo, más tiempo precisarán (sobre todo si queremos que participe el mayor número de personas).

Respecto a las actividades individuales, partimos de la premisa de que no todo el mundo va a terminar al mismo tiempo y ni los más rápidos ni los más lentos deberían marcar el ritmo. Así, si bien debemos dejar el tiempo suficiente para que todo el mundo termine, procuraremos establecer un ritmo adecuado avisando a los alumnos al inicio de una actividad del tiempo que tienen para ella, progresivamente del tiempo que les va quedando y antes de terminar, de su finalización.

Los momentos del día en los que se va a desarrollar cada actividad también tienen un impacto importante:

- **Al inicio del día, por la mañana.** Suele ser un momento de energía alta pero posiblemente los alumnos no estén aún al 100 %. Esta falta de activación inicial se puede compensar con la expectación ante la formación. Aprovecha esta circunstancia movilizando y generando interés.
- **Antes de las pausas.** Hay un momento en el que, por mucho interés que tengan los alumnos, ya están pensando en el café, en ir al servicio, etc. Competir contra determinadas

necesidades básicas no tiene mucho sentido; el pulso está perdido.

- **Tras la pausa, retoma.** Programa actividades participativas de síntesis o actividades de toma de contacto para introducir el próximo tema. No preveas actividades que requieran la participación necesaria de todo el grupo, pues es posible que alguna persona se demore.
- **Antes de comer.** Suele ser un momento en el que los alumnos llevan toda la mañana trabajando. Por muy encantados que se encuentren con la formación, probablemente estén cansados. Prevé actividades activas que permitan un cierre adecuado de la mañana.
- **Después de comer.** No lo dudes: aquí lo más conveniente es meter al grupo un poco de *rock and roll* (eso sí, elige la canción adecuada). Me refiero a que los actives con una actividad movida, participativa, pero sobre todo pertinente y contextualizada. Si la formación empieza después de comer, la clave está en el diseño de unas dinámicas participativas de detección de necesidades y toma de contacto.
- **Al final de la sesión.** Me parece importante terminar a la hora pactada, respetando el horario. Tan importante es empezar como terminar a la hora. Acuérdate de que en algunos casos necesitaremos un tiempo para completar el parte de firmas, evaluaciones, etc. Procura que estas acciones se lleven a cabo en el horario del curso y no más allá.

En todo caso, lo más probable es que la realidad te cambie los planes respecto a la previsión que tenías. El arte está en ir adaptando tu programa a cada momento, saber dónde tienes que acortar, en qué te puedes entretener más, qué actividad suprimir y qué actividad que no tenías prevista puedes incorporar. Si partes de la base de un buen diseño previo, todo esto te resultará más sencillo.

Líneas estratégicas de este capítulo

⬭ Lo primero que hacemos es calendarizar, esto es, acotar la formación en el tiempo e identificar variables que afectarán al proceso: fines de semana, días festivos, etc.

⬭ El segundo paso es determinar la duración de cada módulo o bloque de contenido. Para ello, nos preguntaremos qué peso, profundidad y desarrollo se requiere con cada uno.

⬭ Considera todas las actividades en el contexto formativo respetando el tiempo mínimo que precisa cada contenido.

⬭ Prevé un tiempo que te permita gestionar los posibles imprevistos, demoras, pausas e incidencias.

⬭ En formaciones síncronas, a mayor duración, más participación.

⬭ En formaciones *online* asíncronas, cada persona acomoda la formación a su ritmo según su propio contexto.

⬭ Ten en cuenta el momento del día para decidir qué actividad es la mejor.

⬭ Recuerda que es importante cerrar todo lo que presentemos en el tiempo y con el ritmo adecuados, tanto en la formación presencial como en la *online*.

9
EL DOCUMENTO DE DESARROLLO

 OBJETIVO DEL CAPÍTULO: Elaborar e interpretar el documento de desarrollo como instrumento para la organización y el seguimiento del proceso.

Ya tenemos el diseño de la formación listo. Toca hacer la maleta y empezar el viaje.

Imagino que después de tanto preparativo ya tendrás ganas de ponerlo todo en práctica y de ver cómo toma forma tu programación, de conocer a los participantes, de verlos trabajar con tus propuestas y de facilitar sus experiencias de aprendizaje.

Hasta este momento las acciones que has llevado a cabo son:

- Detectar las necesidades del cliente.
- Convertir las necesidades en objetivos de aprendizaje.
- Seleccionar los contenidos que permitirán alcanzar estos objetivos.
- Transformar esos contenidos en una secuencia de actividades que desarrollarás con una metodología variada, funcional y participativa y en el tiempo previsto.

Vamos a elaborar un documento que recoja todas estas variables y te facilite el seguimiento del proceso formativo.

1. QUÉ ES Y PARA QUÉ SIRVE

Plantilla:
Documento de
desarrollo

El documento de desarrollo es un documento que te llevas al aula (física o virtual) que recoge el diseño de la formación al detalle y te sirve de apoyo para el seguimiento de la formación. Es tu partitura. Este es un documento interno que no se comparte con los alumnos.

Te darás cuenta de que en él se recoge todo lo que hemos ido elaborando hasta ahora.

La idea es que sea un documento sencillo y fácil de interpretar en unas circunstancias en las que tu atención estará repartida entre varios estímulos de forma simultánea y que te permita colocarte rápidamente en el punto de la programación adecuado e incluso identificar los materiales que te hagan falta en ese preciso momento.

A mí me gusta encabezar este documento con una caja como esta:

Destinatario			Observaciones	página
Contexto				
Título				**1**
Fechas	Horario			
Referencia				de __

En ella indico:

- **Destinatario.** Cliente que me hace el encargo de la formación.
- **Contexto.** Si la formación se incluye en algún programa, alguna acción de una empresa o simplemente su propósito.
- **Título.** En él normalmente reflejo el tema de la sesión.
- **Fecha y horario.**
- **Referencia.** A quién tengo que reportar, el contacto que me llamó para impartir la formación o el equipo de docentes con el que estoy trabajando.
- **Observaciones.** Las que procedan.
- **Número de página**.

Por muy evidentes que te parezcan estos datos, recogerlos resulta de una utilidad insospechada; además, te permitirán identificar y localizar en el futuro cada formación.

2. CÓMO LO HACEMOS

Hazlo por columnas, siguiendo este orden:

③ ① ② ④

Franja horaria	Tiempo estimado	Actividad (Para qué)	Metodología (Desarrollo)	Medios y recursos («Lista de la compra»)
09:00 09:15	15′	Posible demora		
09:15 09:20	5′	Actividad de presentación (Contexto de la experiencia) **Presentación del formador**	Expositiva **Presentación verbal del formador: quién es, a qué se dedica y qué va a aportar a este proceso**	☐ _____
09:20 09:40	20′	Actividad de presentación (Contexto de la experiencia) **Presentación de los alumnos**	Activa-participativa **Dinámica: agrupamos a los alumnos por parejas, para que cada uno le pregunte al otro quién es y qué espera de esta formación. Finalmente, uno presenta al otro al grupo-clase.**	☐ Pegatinas para nombres
09:40 09:45	5′	Actividad de presentación (Contexto de la experiencia) **Presentar objetivos, contenidos y metodología**	Expositiva **Proyectamos los objetivos, los contenidos y las normas de funcionamiento para esta jornada. Entregamos la hoja de ruta.**	☐ Presentación ☐ Proyectar ☐ Copias de la guía
09:45 10:05	20′	Actividad de toma de contacto (Módulo 01) **Valorar la importancia de una adecuada gestión de los conflictos en el contexto profesional**	Activa-participativa *Role playing.* **Tres voluntarios representan en clase una situación conflictiva durante unos 10 minutos. Se indica a los observadores que tomen nota de los puntos críticos que puedan salir en la representación. Puesta en común.**	☐ Descripción de la situación conflictiva que veremos ☐ Instrucciones sobre los roles que se representarán
10:05 10:25	20′	Actividad de detección de necesidades (Módulo 01) **Identificar los elementos de un conflicto**	Descubrimiento **Proyectar un vídeo de 2 minutos sobre un conflicto y, por subgrupos, identificar las variables que lo conforman, las que se ven y las que no se ven. Puesta en común.**	☐ Vídeo ☐ Sonido ☐ Plantilla de trabajo con preguntas
10:25 11:00	35′	Actividad de desarrollo (Módulo 01) **Los elementos del conflicto**	Expositiva **Presentación «los elementos del conflicto».**	☐ Presentación

Empezamos a utilizar este documento incluso antes de salir de casa, momento en el que nos enfocamos en la última columna (medios y recursos) para comprobar que tenemos en la mochila todo lo que nos hará falta.

3. PREVENCIONES NECESARIAS

Y llegados a este punto, solo me queda decirte:

- Tu programación no deja de ser un pronóstico de lo que debería ocurrir en el aula, así que el diseño de tu propuesta debe ser flexible para ajustarla a cada momento. Lo normal es que siempre tengamos desviaciones en un sentido u otro: de tiempo, de falta de recursos, recursos nuevos, oscilaciones en el número de alumnos, condiciones del aula física o virtual con las que no contábamos, etc.
- Sé flexible tú también. Recuerda la definición de Grappin (cráneo, estómago y corazón). Y recuerda que no somos más que «facilitadores de procesos de aprendizaje».
- No seas esclavo de tu programación ni esclavices al grupo. Permanece abierto a acortar una actividad o incluso a prescindir de ella, a acelerar o reducir el ritmo, a meter una actividad que no tenías prevista o a reconducir al grupo a la estrategia definida. En otras palabras, navega.
- Considera que has trabajado para tener un buen plan, un plan elaborado y estudiado, así que cuando te surjan dudas o situaciones complicadas, lo mejor es seguirlo. Solo cuando pase la «marejada» y tengas el foco que necesitas, podrás hacer algún replanteamiento estructural. Variar el rumbo ostensiblemente llevados por la emocionalidad del momento no es lo mejor (nosotros acabaremos perdidos y podremos llevar la formación a la deriva).
- Ten presente que no es igual tener un plan e improvisar que no tener ningún plan y basar tu actuación en «lo que te vaya surgiendo». Quizás para ti es más divertido y te hará fluir, pero ¿será lo mismo para el grupo? ¿Y para la consecución de sus objetivos?
- Sobre todo, pásalo bien y disfruta.

TERCERA PARTE

EN EL AULA

10
UN BUEN COMIENZO

OBJETIVO DEL CAPÍTULO: Generar las condiciones adecuadas para la formación y presentar los elementos del proceso formativo a las personas participantes, tomando conciencia de su disposición inicial con respeto, tolerancia y aceptación.

1. CUIDAR EL ENTORNO EN FORMACIONES PRESENCIALES

Llegar a tiempo

Plantilla: Entorno en sesiones presenciales

Recuerda que el propósito que tenemos en el horizonte es generar una experiencia de aprendizaje memorable con detalles que marcan la diferencia y están al alcance de cualquiera.

Entre esos detalles llegar a tiempo es tan obvio como fundamental. Pero llegar a tiempo no es llegar quince minutos antes del inicio, pues no tendrías margen para preparar todo antes de que lleguen los participantes.

Llegar unos 45 minutos antes del inicio de la sesión debería ser suficiente, incluso treinta minutos si conoces previamente el sitio, has estado allí o tienes sobradas garantías de que todo estará en su lugar.

Los beneficios que tiene llegar con tiempo suficiente son: localizar con tranquilidad el lugar donde vas a trabajar si nunca has ido allí, tener cierto margen de maniobra para solucionar alguna incidencia que pudiera surgir, dejarlo todo listo y, fundamentalmente, generar el contexto para vivir la situación con calma y poner el foco en lo importante, en el objetivo formativo. Créeme: la puntualidad es una de las mejores estrategias contra el estrés en este tipo de situaciones.

En algunos sitios llegar 45 minutos antes puede implicar que tengas que esperar en la puerta a que venga la persona que tiene que abrir y acompañarte al aula. Para evitar estas situaciones, no está de más llamar previamente e informarte de los horarios y de quién te estará esperando o te facilitará el acceso y los recursos y, si puedes quedar con esa persona directamente, mejor.

Considera también que la mayoría de las veces la secuencia no es «llegar → preparar las cosas»; la secuencia suele ser «llegar → atender a quien te recibe → preparar las cosas». A veces será un simple saludo y otras veces querrán hablar algo contigo; sea como sea, es necesario atender a estas personas con presencia y calidad.

Por último, es importante que seas tú quien espere a los alumnos y no que los alumnos te esperen a ti. Resulta muy incómodo estar preparando las cosas mientras la clase ya está sentada. No es ni el mejor punto de partida para empezar la formación ni el mejor primer impacto.

Disponibilidad de medios y recursos

Una vez en el aula, lo primero que deberíamos hacer es preparar y comprobar todos los medios técnicos que vayamos a usar: ordenador, conexión del ordenador al proyector y correcto funcionamiento de este, presentación, pasador de diapositivas, salida de sonido, vídeos... en fin, todo lo relacionado con medios y recursos técnicos.

Si falla algún recurso de este tipo, su ajuste, arreglo o sustitución, puede ser de lo que más tiempo lleve, así que cuanto antes compruebes que todo funciona, mejor.

Una vez preparados y probados los recursos técnicos, toca montar nuestro campamento base, esto es, el lugar en el que tengamos a mano y visible (sin necesidad de cogerlo) el documento de desarrollo y los materiales que necesitamos.

Ten los recursos que vayas a necesitar disponibles. Anticípate al momento. Es desastroso cortar el ritmo de una clase para que te pongas a hurgar en la mochila buscando lo que te hace falta para una actividad o dinámica. No se trata de exhibir los materiales (convirtiéndose en distractores, salvo que quieras generar cierto suspense sobre algunos); simplemente tienen que estar a mano y disponibles para su uso inmediato, sobre todo los que se van a necesitar antes de la próxima pausa.

Si no quieres mostrar algunos recursos para guardar la sorpresa, tenlos ocultos, pero fácilmente accesibles para cuando llegue el momento.

Deja listo todo lo que tengas que colocar en algún sitio, como unas cartulinas ya pegadas en la pared, los cuadernos y los bolígrafos en las mesas de los alumnos, las carpetas repartidas, las pegatinas para sus nombres disponibles, etc.; todo lo que proceda según proceda. Porque todo ello generará una percepción positiva en los alumnos cuando vayan entrando, algo parecido a «la mesa está puesta, la mesa está puesta para nosotros».

Por cierto, en este momento previo no les dejes la hoja de ruta en la que aparecen los objetivos y contenidos ni anticipes documentación salvo que sea absolutamente necesario y conveniente. Primero, porque es mucho más efectivo presentar los documentos de manera contextualizada; y segundo, porque repartirla en el momento adecuado nos permitirá marcar determinados ritmos en clase y evitaremos que la documentación sea un distractor en sí (esto es, que la gente la esté leyendo u ojeando mientras estamos presentando el proceso o conduciendo alguna actividad inicial).

Disposición del aula

Te voy a proponer un ejercicio. Imagínate que entras en un aula y te encuentras las sillas y las mesas colocadas en alguna de las siguientes disposiciones.

Me gustaría que pensaras, para cada una de ellas, qué dos palabras te vienen a la cabeza relacionadas con lo que allí va a ocurrir (doble reto: intenta no repetir palabras):

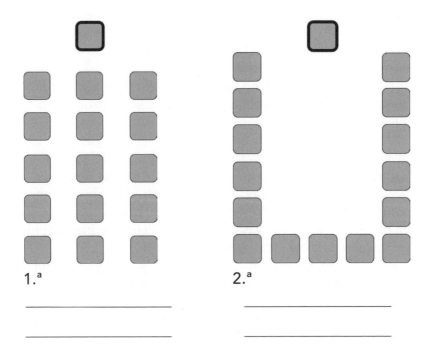

1.ª

_____

_____

2.ª

_____

_____

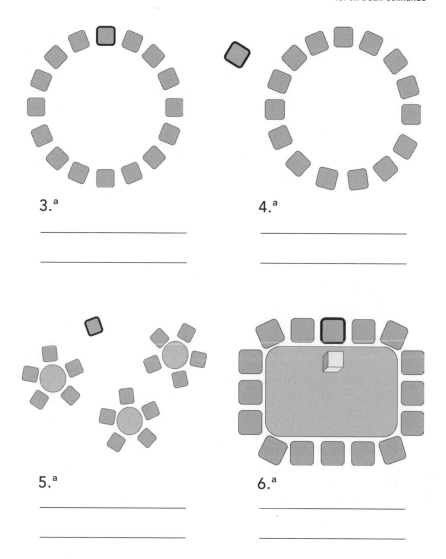

3.ª

_____

_____

4.ª

_____

_____

5.ª

_____

_____

6.ª

_____

_____

Cada figura te habrá dado un mensaje que tú has interpretado, en este caso con palabras. Alguna posiblemente haya reflejado una emoción o un estado de ánimo.

Así, cuando entras en un aula y te encuentras con alguna de estas disposiciones, de manera implícita, te vas haciendo una idea de lo que allí va a ocurrir, de cómo se va a trabajar, de la metodología que probablemente se desarrolle e incluso de qué es lo que se espera de ti. No es que pensemos en cada una de estas variables de manera consciente (o sí, da igual); la realidad es que la disposición del aula es un elemento muy potente para generar el contexto psicológico adecuado que necesitamos.

El aula, además de un espacio de trabajo, se convierte en un medio que utiliza el formador para comunicarse con sus alumnos. Aprovecharla en este sentido te dará muchas ventajas.

Por cierto, igual que no hay una metodología mejor que otra, no hay una disposición del aula mejor que otra. Cada una tiene su función:

- La primera disposición es adecuada para trabajos individuales, en los que el alumno requiere estar centrado en su tarea. La interacción que se propone en este caso es alumno/docente.
- En la segunda, facilitamos la participación: todos nos vemos, invitamos a interaccionar con el docente, con lo que ocurra en el aula y entre los alumnos. Para mí es una de las disposiciones más adecuadas para exposiciones, ya que facilita el contacto visual con el grupo, con cada alumno o con lo que se proyecte o escriba en la pizarra.
- En la tercera, invitamos a compartir con el formador y con el grupo, a hacer una puesta en común, una discusión colectiva o una evaluación grupal.
- En la cuarta, invitamos al grupo a que trabaje de manera autónoma. El formador está presente, pero la actividad es en grupo, que es el protagonista.
- En la quinta, los alumnos trabajan en subgrupos.
- En la sexta, el formador manipula algo y necesita que todas las personas estén observando.

Suelo decir, medio en broma medio en serio, que un tercio de mi vida profesional lo he pasado moviendo sillas y mesas. Y es que lo importante es que el aula cumpla su función de facilitar la consecución de los objetivos siendo el espacio, en la medida de lo posible, el que se adapte a nosotros, y no al revés, aunque eso implique tener que mover todo el mobiliario, incluso varias veces en una misma sesión. Es cierto que en ocasiones no podremos mover las sillas y/o las mesas del aula y no tendremos más remedio que sacarle todo el partido que podamos al lugar en el que estamos.

Igual de importante es que te asegures, antes de empezar, de que todo el mundo tiene un nivel de comodidad aceptable para poder seguir la sesión, que se puedan ver la pantalla, la pizarra o el recurso que se vaya a articular.

En contextos de formación para empresas, el aula puede ser un elemento fantástico para descontextualizar a los alumnos, simplemente sacándolos de sus lugares habituales de trabajo para llevarlos a otro sitio.

El aula es el sitio en el que se va a desarrollar la experiencia de aprendizaje. Considera que un aula puede ser cualquier espacio que se utilice con una finalidad formativa: una habitación, un taller, una cocina, un huerto, un despacho, etc.

Otra forma de comunicar y jugar con el espacio es proponer a los alumnos que no se sienten siempre en el mismo sitio y al lado de las mismas personas. Tras las pausas o algunas dinámicas, esta rotación tiene unos efectos maravillosos en las personas, los grupos y el desarrollo de la sesión.

Unos aliados inesperados

Os voy a hacer una confesión. Este apartado es claramente un sincero y sentido homenaje a muchas de las personas con las que me he encontrado en mi trabajo a lo largo de estos años. No son clientes (o sí), técnicos de formación, alumnos ni otros docentes, sino la gente que abría el lugar donde se iba a desarrollar la formación, que limpiaba el sitio, que cuidaba de su mantenimiento... probablemente la gente a la que primero saludas cuando llegas y la última de la que te despides cuando te marchas.

Con el paso del tiempo me fui dando cuenta de la gran cantidad de cuestiones que estas personas me resolvían, casi sin pedirlo y sin que fuera parte de sus funciones. Eran unas ayudas ágiles y rápidas y mucho más efectivas en ocasiones que seguir el «protocolo habitual». Estas personas se convertían en mis aliadas, mis conseguidoras, quienes me abrían la puerta y me dejaban pasar si necesitaba llegar antes, quienes preparaban el aula como yo quería, quienes me conseguían una bolsa de basura para hacer una dinámica o un rotulador para la pizarra... Son oro puro. Cuídalas. (¡Gracias!).

2. EL ENTORNO VIRTUAL

El entorno didáctico digital

Es un error pensar que una formación *online* es la que digitaliza lo que hacemos en una formación presencial. Efectivamente el canal cambia, y necesitamos una adaptación de los medios y recursos que utilizamos para transmitir el contenido; pero también cambian la metodología y la manera de entender y generar el aprendizaje, y todo ello ocurre en un entorno didáctico digital.

Para Manuel Area, catedrático de Didáctica y Organización Escolar, un entorno didáctico digital es «un espacio *online* estructurado didácticamente de objetos digitales dirigido a facilitar al alumnado el desarrollo de experiencias de aprendizaje en torno a una unidad de saber o competencia».

Así, este entorno nos permitirá poner a disposición de los alumnos los bloques de contenidos necesarios para alcanzar el objetivo, posibilitará el desarrollo de la propuesta metodológica y, lo más importante, facilitará la actividad individual y colaborativa.

Este entorno se nos puede presentar de muy distintas maneras: en formato de libro digital, sitio web, paquete multimedia, videojuego educativo, *apps* o como una plataforma de gestión del aprendizaje (*Learning Management System* [LMS]). Y, como viene siendo cada vez más habitual, en varios de estos formatos conectados y combinados entre sí.

El aula pierde sus paredes. Sigue siendo el sitio en el que se desarrolla la formación, pero deja de ser un espacio físico. Ahora el aula formativa se integra por todos los recursos, *sotfware* y soportes técnicos que nos permiten alcanzar el objetivo formativo. El aula está en continua mutación y nos ofrece un universo de oportunidades.

Plataformas de gestión del aprendizaje (LMS)

Son un tipo de entorno didáctico digital que se caracteriza por que nos permite sistematizar todos los elementos que van a formar parte del proceso formativo.

Los alumnos, docentes o gestores de la formación que dispongan de usuario y contraseña podrán acceder a ella en cualquier momento o lugar.

Al entrar en la plataforma llegaremos a un espacio en el que se integrarán todos los elementos necesarios para el desarrollo de la experiencia de aprendizaje: acceso a los textos, vídeos, contenidos multimedia, etc., además de enlaces a otros sitios, a contenidos e incluso a otras utilidades disponibles en Internet.

La plataforma permitirá tanto retirar como depositar información, así como la edición y la actualización de manera sencilla de contenidos, actividades e itinerarios.

Entre sus posibilidades están realizar actividades individuales, trabajos en grupo, tutorías, apoyo y seguimiento individualizado de los participantes, debates síncronos o asíncronos, comunicación síncrona o asíncrona entre todas las personas participantes evaluaciones y autoevaluaciones y gestión de la formación (administrativa y docente).

Plantilla: Entorno en sesiones virtuales

Cuidar el entorno didáctico digital

Estamos viendo que el entorno didáctico digital es un contexto complejo y lleno de posibilidades. Nuestro trabajo en este sentido será hacerlo sencillo y accesible.

Respecto a los requisitos básicos, antes de empezar la formación comprueba que:

- Todo lo que el alumno encontrará en el entorno didáctico digital de aprendizaje está organizado y sistematizado para facilitar la consecución del objetivo formativo. ¡Todo cuenta! Evita elementos que puedan distraer del enfoque de la formación o no contribuyan a crear un ambiente de cohesión y participación adecuado.
- El acceso al entorno es posible, independientemente del dispositivo que se utilice para ello, y que todos los alumnos pueden acceder a la plataforma sin ningún problema, disponen de su clave de acceso y saben cómo gestionarla.
- Los formatos multimedia alojados en la plataforma y los enlaces a otros sitios externos funcionan.

También es esencial conectar, trabajar en equipo y poner en valor a la persona que está administrando técnicamente la formación, pues será tu gran aliada.

En cuanto a las utilidades y los recursos de trabajo y comunicación, entre los que podemos encontrar servicios de mensajería, listas de correo, foros asíncronos, chats, bases de datos y documentación, colecciones de enlaces, editores de documentos y unidades didácticas:

- Comprueba que están preparados para que los alumnos los identifiquen, accedan fácilmente a ellos y sepan qué función tienen. Serán de ayuda los iconos que acompañan a estas utilidades y la descripción que tú hagas de sus funciones.

- No descartes preparar, si es necesario, algún recurso o actividad con que explicar para qué sirven y cómo se van a usar estas utilidades.
- Si vas a utilizar algún sistema de videoconferencia externo a la plataforma, prevé su disponibilidad, su funcionamiento y que la ruta para que los alumnos puedan acceder a ella esté definida y funcione.

En cuanto a la **presentación del itinerario formativo** que se va a seguir:

- Crea una pantalla de inicio o página principal sencilla e intuitiva en la que claramente se identifiquen los módulos, las actividades, los foros, etc.
- Facilita a los participantes el acceso a algún recurso o documento con la hoja de ruta de la formación.
- Comprueba que los documentos, ejercicios, prácticas, evaluaciones, etc., están accesibles y operativos.
- Cuida la presentación de los materiales y recursos, pues son parte de tu identidad docente y facilitará su aproximación e interpretación.

En cuanto a **la evaluación y el seguimiento** de la formación:

- Identifica las funcionalidades que te van a facilitar el seguimiento de los alumnos (autoevaluaciones, pruebas objetivas, estadísticas, accesos a la plataforma y a los contenidos, tiempos de realización de las actividades, etc.) y selecciona cuáles te servirán de referencia.
- Valora si necesitarás un registro personalizado y externo que te ayude a saber en qué punto se encuentra cada participante o te resulta suficiente con las propias funcionalidades de la plataforma.
- Procura que el alumno pueda conocer cuál está siendo su progresión en el curso.

- Asegúrate de que el alumno puede gestionar fácilmente los aspectos administrativos que le afecten.

3. PARA EMPEZAR BIEN

Abrir y cerrar bien la experiencia formativa facilitará todo el proceso de comunicación y la transferencia de los contenidos. El inicio y el final son momentos significativos que deben estar muy bien diseñados y ejecutados.

El primer impacto en la formación presencial

La efectividad de la pauta que te propongo dependerá de cómo la acomodes al contexto de la formación que tienes que facilitar y al alcance que le quieras dar a cada uno de los siguientes puntos para generar un buen inicio:

- **Preséntate en primer lugar.** Es posible que alguien ya te haya presentado; en este caso, no redundes mucho en esta parte. No obstante, comparte con tu alumnado de manera breve quién eres, a qué te dedicas y qué vas a aportar en esta experiencia de aprendizaje. Asegúrate de que esos tres datos aparecen.
- **Permite que los alumnos se presenten al grupo,** sobre todo si son unas doce o quince personas. En grupos más numerosos la presentación, además de eternizarse, se vuelve inefectiva; una alternativa en estos casos consiste en formar subgrupos para que se conozcan entre ellas. Si el grupo ya se conoce previamente, invítalo a que comparta qué espera de la formación o de la sesión formativa. Gestiona y enfoca esta dinámica para que no dure más tiempo del necesario y ayude a las personas a aterrizar en el proceso.

Si la formación es de varios días, introduce una dinámica de conocimiento que tenga que ver con el tema que vas a desarrollar que permita que los alumnos interactúen entre sí y no implique una gran exposición para ellos. La idea es contextualizar, romper la tensión inicial y conectar.

- **Presenta el tema.** Atrévete a realizar alguna actividad creativa de toma de contacto que atraiga el interés de los participantes sobre el contenido. ¡La creatividad al poder!
- **Comparte explícitamente el objetivo formativo con los participantes.** Servirá para que sepan qué se espera de ellos y hacia dónde se orientan las actividades que se van a desarrollar.
- **Presenta los contenidos.** Este es un buen momento para entregar la hoja de ruta de la formación. Ojo, no compartas el documento de desarrollo de la sesión donde tienes tu planificación ni te comprometas con referencias temporales. Es suficiente con que conozcan el menú: objetivo, módulos y sus unidades o apartados.
- **Informa de cómo lo vas a hacer.** No quiero decir que hagas un *spoiler* de tu formación desvelando las actividades, sino que simplemente informes a grandes rasgos de la metodología que vas a seguir. Estarás contribuyendo a que los alumnos se preparen para ella.
- **Informa de la dinámica de funcionamiento** (pausas, descansos, etc.).

  Si la formación es de varios días o semanas, explica las actividades que tengan un carácter transversal y nos acompañarán durante el proceso. Por ejemplo, un diario del alumno donde se recogerán momentos significativos del proceso, un álbum multimedia colectivo donde también capturaremos momentos de la experiencia de aprendizaje, etc.
- Una vez contextualizada la formación, lleva a cabo una **evaluación inicial** que permita a los alumnos tomar consciencia de cuál es su punto de partida en la materia.

Pero fundamentalmente, siéntete con libertad para diseñar tu propio inicio, adáptalo a la realidad de la formación, al tiempo y a los recursos de los que dispongas. Dale tu toque y, a partir de este momento, sigue con tu secuencia prevista. Y... ¡a disfrutar! Si nosotros disfrutamos, nuestro alumnado también lo hará.

El primer impacto en formación *online*

Debería empezar unos días antes de que comenzara la experiencia formativa. Gran parte del éxito de estos procesos tiene que ver con lo que el alumno encuentre en el entorno digital... y en cómo se encuentre.

Un contacto previo con los participantes unos siete días antes de que comience la formación con un correo de bienvenida generará un buen efecto. Dirígete a ellos de forma amable y cercana, estimulando la conexión.

Adelántales el objetivo y los contenidos principales, propón alguna actividad de toma de contacto sencilla, estimulante, divertida, etc., y voluntaria en todo caso, para que se vayan familiarizando con la materia y el entorno.

Informa de los recursos y requisitos técnicos necesarios para el seguimiento del curso y, en la medida de lo posible, permite que puedan comprobar que todo les funciona y muéstrate accesible para resolver las dudas que pudieran surgir en este sentido. Ojo, una gran frustración o una acumulación de pequeñas dificultades a la hora de manejarse en el medio digital es una puerta abierta al abandono.

Mándales un nuevo recordatorio el día anterior al inicio para que tengan todo a punto y anímalos a que te acompañen en esta aventura.

Y cuando arranques, presta atención máxima al nivel de competencia digital que presentan los participantes y a su soltura en el manejo de las herramientas y los recursos que se van a utilizar para poner remedio si es necesario.

Como ya he dicho anteriormente (y redundo intencionadamente), no descartes diseñar alguna actividad que sirva para familiarizar a los participantes con su aula digital.

- En formaciones *online* síncronas:
  - Conéctate al menos quince minutos antes de que empiece la sesión.
  - Recibe y saluda a los alumnos conforme vayan llegando al entorno en el que vas a desarrollar la presentación e invítalos a que tengan sus micrófonos y cámaras disponibles para las posibles interacciones.
  - Preséntate e interactúa con los participantes, invítalos a que se presenten o diseña alguna dinámica en este sentido.
  - Deja que alguna de las personas que participan te apoye revisando el chat para capturar preguntas o intervenciones que no se te deberían escapar. Posiblemente tengas que estar pendiente de varios estímulos y esta colaboración te acercará al grupo y te será de muchísima utilidad.
  - Contextualiza bien la sesión: da a conocer el objetivo, los contenidos y la dinámica de funcionamiento.
  - Prepárales una actividad de toma de contacto y evaluación inicial que los introduzca en el contenido.
- En formaciones *online* asíncronas:
  - Cuelga tu vídeo de bienvenida y el texto de presentación que has preparado.
  - Invita a los alumnos a que se presenten en un foro, «¿Quiénes somos?», creado específicamente para ello.
  - Comparte el objetivo y la hoja de ruta de la presentación en algún documento que puedan descargarse.
  - Indica cuáles son los criterios de evaluación y, muy importante, qué actividades son evaluables y cuál es el trabajo exigido para superar el curso.
  - Deja claro el calendario del curso, la estimación de horas de trabajo por módulo y las fechas de entrega de las actividades. Propón un calendario de estudio recomendado en el que se indique el ritmo ideal para seguir la formación.
  - Informa hasta cuándo podrán acceder a la plataforma una vez terminado el curso.
  - Abre un foro de novedades o tablón de anuncios donde ir colgando las comunicaciones que tengas que hacer al

grupo. Procura que sea un foro de suscripción obligatoria para que además el aviso llegue al correo personal del alumno.

– Abre otro foro para que el alumno plantee sus dudas técnicas y administrativas sobre la formación (dudas que no tienen que ver con el desarrollo de los contenidos).

– Abre espacios que permitan generar una comunidad de aprendizaje, como foros de comunicación informal u otros, para compartir información, herramientas y recursos relacionados o no con la materia que se está tratando que sean de interés profesional para el grupo. Serán los alumnos los que dispongan de este espacio con sus aportaciones.

– Valora si vas a mostrar todos los módulos y su desarrollo desde el primer día o vas a ir abriéndolos progresivamente. Todo dependerá del contexto, de la duración de la formación, del ritmo que le quieras dar al proceso, de si quieres que todo el grupo focalice su atención sobre los temas que se están abordando en ese momento, de que no quieras abrumar con todos los paquetes de actividades al inicio, etc.

En todo caso, es importante que en el encabezamiento de cada módulo se especifiquen las horas de trabajo previstas que requiere, la fecha de inicio y la fecha de final.

Plantéate hacer una pequeña presentación de cada parte del curso o cada módulo, un vídeo corto o una intervención de pocas líneas anticipando lo que van a ver y contextualizándolo.

– Desde el principio, sobre todo, responde (con la mayor rapidez posible), interactúa y agradece. Da un tiempo prudencial para que se vayan incorporando a la plataforma y contacta con quien no lo haya hecho. Revisa con asiduidad los servicios de mensajería y tu correo electrónico. Acompañar a tus alumnos desde el principio humaniza la formación...

Y disfrútala desde el minuto cero.

4. ENFOQUE FACILITADOR

Posicionamiento inicial

El posicionamiento inicial del formador frente al grupo es importante, hasta tal punto que una mala presentación del docente puede ser la causa de muchas dificultades durante todo el proceso. Posicionarte de manera adecuada no requiere ninguna sofisticación; solo naturalidad, humanidad y conciencia. Vamos a verlo de una forma más práctica.

Verás, cuando tú participas de una formación, ¿qué esperas de ese formador o formadora? Venga, anímate y contesta tres, cuatro cosas...

...

¿Lo tienes?

¡Perfecto! Pues verás, tu respuesta a esta pregunta debería ser el eje de tu presentación, tus intenciones, siendo tu reto que esas intenciones se vean ratificadas por la realidad de tus actos... Nada más y nada menos, sin más.

Ten presente tu propuesta de valor docente: los beneficios que tu trabajo genera, las necesidades que satisfaces a los alumnos y los recursos profesionales con los que cuentas para hacer todo esto posible. Tu propuesta de valor docente debería ser conocida por tus alumnos de forma concisa y natural.

No eclipses tu propia propuesta de valor. Cuando en un contexto profesional una persona la eclipsa, estamos ante un ejercicio de exhibicionismo y la persona se convierte en personaje. En un trabajo como la formación, en el que te colocas delante de un grupo y los participantes atienden tus propuestas, somos presa fácil para terminar devorados por nuestro ego... y cuanto más crece el ego, más lejos estamos de nuestro lado más auténtico... y cuanto más alejados estamos de nuestro lado más auténtico, más controversias podemos generar.

No seas invasivo a la hora de presentar tu propuesta de valor docente. No sobreactúes. No estás en un teatro. Destierra los histrionismos.

Tampoco generes invisibilidad ni peques de exceso de humildad. Esta te la descubren los demás; no se anuncia ni se interpreta. No te cortes; toma el timón del proceso con fuerza. Tienes una estrategia, una ruta establecida que has preparado con intención, atención, propósito y entusiasmo... síguela. Si lo has hecho con profesionalidad y compromiso, las cosas no saldrán perfectas, pero saldrán bien, y, sobre todo, a tu manera.

Comparte con los alumnos tu objetivo para esta formación. Ahora no me refiero al objetivo formativo, sino a tu objetivo como docente, a lo que tú esperas del proceso. Esto fortalecerá tu compromiso con ellos y con la formación. Recuerda que estás a su servicio, que tu rol es facilitar la experiencia.

En los momentos iniciales el grupo es muy moldeable. Está pendiente a ver de qué va todo esto y, según lo que tú hagas, interpretará cómo se funcionará y a qué hay que atenerse.

Aprovecha este instante porque el grupo y sus componentes tenderán a imitar tus actitudes, que serán los cimientos de las relaciones que se produzcan en el aula, que a su vez serán las autopistas por las que circularán el conocimiento y el aprendizaje.

Sobre la forma y las maneras

Mantén una posición de cooperación y flexibilidad. No solo porque así lo digas, sino porque así lo muestres. El efecto de esto es fantástico. Los alumnos leen que estamos trabajando en clave cooperativa, que hay red de seguridad formada por todo el grupo. El alumno se siente seguro porque se le abre la opción a intentarlo y a equivocarse, y al mismo tiempo siente que colabora en los intentos de sus compañeros y aceptará naturalmente que el otro se equivoque.

Anúnciales que la programación formativa es flexible y adaptable a la realidad propia de ese grupo de aprendizaje. Dilo con tranquilidad; el curso no variará sus objetivos, ni siquiera sus contenidos esenciales... Lo máximo que puede ocurrir es que omitamos algún apartado o profundicemos en los aspectos que nos demande el grupo, y todo ello, con lo que llevas diseñado, podrás hacerlo sin ninguna dificultad.

La aceptación de todas las personas y el respeto al mismo tiempo por las individualidades y el colectivo es algo sagrado. Y no te quepa duda de que, además de ser una de las dimensiones sociales que más enriquecen en este tipo de procesos, suponen una de las estrategias que más favorecen el aprendizaje.

Por cierto, y de esto hablaremos en el próximo capítulo: la aceptación de todas las personas no implica que toleremos cualquier tipo de comportamiento en el aula. No, no se trata de eso. Aceptamos a las personas, no sus caprichos.

En definitiva, el momento inicial será probablemente el momento en el que más capacidad tengas para modelar al grupo, y el recurso más efectivo para ello será tu propia actitud.

Eso sí: el grupo te fiscalizará. A ver: no es que te esté persiguiendo para encontrarte alguna contradicción... pero si la contradicción se produce no dudarán en hacértela saber, la mayoría de las veces en un tono distendido, pero con la impresión de haber descubierto el peso real de las normas que tú propones... ¡Ojo con esto!

Si tú no cumples, ellos tienen la puerta abierta a no cumplir y pierdes autoridad a la hora de exigir que los acuerdos se respeten.

Líneas estratégicas de este capítulo

- Primero lo primero: empieza reduciendo tu estrés llegando con la suficiente antelación a todos los lugares y a todos los procesos. Da igual que estemos hablando de una formación presencial u *online*.

- Comprueba que todos los recursos técnicos están disponibles, preparados y probados.

- Elige la disposición del aula que requiera tu metodología en cada momento.

- En los entornos virtuales, la organización de la presentación, los foros y el tono del formador serán indicios de la estrategia metodológica planteada.

- Asegúrate de que todas las personas participantes en la formación gestionan adecuadamente el entorno didáctico digital para seguir la formación de manera efectiva.

- La primera impresión en los procesos formativos no es la que vale, pero es la más duradera.

- Cuida tu posicionamiento y tu presentación al grupo, tanto en la formación presencial como en la virtual. Comparte tu propuesta de valor con el grupo al que acompañas y tus compromisos con la formación (eso sí: aquello a lo que te comprometas debe ser cumplido).

11
UN BUEN DESARROLLO

 OBJETIVO DEL CAPÍTULO: Facilitar la experiencia de aprendizaje de las personas desarrollando actuaciones docentes efectivas y respondiendo de manera sostenible a las situaciones que se generen en el proceso.

1. ACTUACIÓN DOCENTE

Liderazgo docente

Estás delante de un grupo (de manera presencial o virtual), has diseñado una estrategia y tienes unos medios y recursos para desarrollarla. Suficientes o insuficientes, son los que tienes. Con ellos deberás trabajar. Ahora no se trata de indagar si son los mejores medios y recursos que podrías haber tenido. Da igual. De hecho, te lo digo yo: son los mejores, no te quepa duda (porque son los que tienes).

Ahora de lo que se trata es de hacer la mejor formación posible. De construir un proceso útil y nutritivo. De acompañar a tus alumnos y alumnas durante un puñado de horas o días para vivenciar esos contenidos que tú has seleccionado (los teóricos y los más prácticos). Y las actitudes…esas que tú mismo, ya, estás poniendo en práctica. Esas que los alumnos, ya, empiezan a percibir en ti.

Hemos estado todo este tiempo pensando en los alumnos; ahora, por fin, los tienes delante. Has estado en la cocina, trabajando intensamente, preparando el mejor menú posible. Con dedicación, con dudas, leyendo, investigando, construyendo y elaborando… Ahora los platos están listos para servirse.

Ahora se trata de que lo hagas real.

Un formador 5.0 entiende el liderazgo docente como la manera de facilitar una experiencia de aprendizaje activando a las personas mediante una estrategia definida.

El ejercicio del liderazgo docente consiste en hacer que la estrategia metodológica suceda invitando a que los alumnos se involucren en ella y se comprometan con su propio aprendizaje, haciéndolos partícipes y protagonistas del proceso.

El docente, por tanto, se convierte en un proveedor de recursos para el aprendizaje. Está al servicio de cada alumno y del grupo.

A lo largo de la experiencia de aprendizaje, dure lo que dure, estarás generando impactos en tus alumnos. Unos conscientes, diseñados y dirigidos; la mayoría inconscientes, para nosotros y para ellos. Y será la agregación de toda esta influencia la que ejerzan el efecto definitivo.

En los siguientes dos apartados sigo el esquema que propone Pierre Casse, quien recoge excepcionalmente una serie de comportamientos que denomina «convencionales» y «no convencionales», respectivamente.

Son estrategias que me acompañan desde que me capacité como formador, absolutamente vigentes y prácticas, que ahora espero que te puedan ayudar a ti. Eso sí: te las expongo desde mi experiencia y uso.

Estrategias efectivas en el aula

- **Regla de tres.** Probablemente es de lo más importantes que te cuento en este libro. Consiste en:
  a. Presentar lo que vas a desarrollar.
  b. Desarrollarlo.
  c. Resumir los puntos más importantes de lo desarrollado.

  Si te fijas, esta estructura podría corresponderse perfectamente con una secuencia de actividades básica.

  Puedes emplear esta regla para desarrollar un tema, un día entero de formación, enfocar un curso completo de varios meses (el primer día presentas y desarrollas durante las semanas siguientes, y reservas un tiempo al final para resumir y cerrar el círculo) o la estructura de un paquete de contenidos en una formación *online*.

  Las ventajas son que prepara al alumno para lo que va a recibir, contextualiza el mensaje facilitando enormemente la comunicación, fortalece la estructura interna de tu propuesta formativa y le da coherencia a su desarrollo.

  Insisto: la regla de tres debería ser una estrategia imprescindible en tus procesos de diseño y comunicación formativa.

- **Uso de preguntas abiertas.** Se trata de otro recurso barato y efectivo. Es sencillo: consiste en formular preguntas a los alumnos que estimulen su capacidad de reflexión y contribución a un tema.

  Te permitirá saber cuál es el grado de conocimientos de los participantes sobre la materia, hasta dónde llegan y hacia dónde basculan sus intervenciones. Además, es una forma muy natural de proponer a los alumnos que participen y de comprobar quiénes son más activos, qué actitudes ponen de manifiesto, etc., pero lo mejor es que el grupo se enriquece a sí mismo con sus propias aportaciones poniendo en valor el bagaje que cada persona trae.

Considera que en formaciones presenciales o en videoconferencias podrás darle más o menos ritmo a esta estrategia e incluso regular la participación (limitar los tiempos de intervención, moderar a las personas que tiendan a monopolizar, etc.).

En cambio, si nos valemos de foros escritos y el grupo es numeroso, puede que se genere una sucesión de intervenciones (algunas demasiado extensas) en las que cada persona contará su película y resulte fatigoso (ya no solo para ti, sino para el resto de los participantes) seguir las aportaciones. De hecho, en muchas ocasiones se pierde el debate y el intercambio de ideas ya que la gente entra para contestar y no se detiene a leer ante la ingente cantidad de intervenciones. Para evitar esto, valora la posibilidad de introducir reglas que faciliten el seguimiento de las aportaciones (por ejemplo, intervenciones de no más de cincuenta palabras, contestar necesariamente a los compañeros y compañeras, etc.).

- **Silencios.** En formaciones presenciales, aunque *a priori* parezca lo contrario, suponen un gran aliado del docente en varios sentidos:
  - Cuando un formador permanece en silencio mientras los alumnos participan, les está dejando un espacio que posiblemente necesiten ellos.
  - El silencio del formador, tras la formulación de una pregunta, deja tiempo a que los participantes piensen la respuesta. No te precipites, sostén el silencio y no seas tú quien lo rompa (¡paciencia!).
  - El silencio es una forma muy sutil y efectiva de llamar la atención del grupo.

    Eso sí: el uso del silencio requiere la capacidad para mantenerlo ya que habrá un momento en el que parezca que se crea una situación algo incómoda (de hecho, es así). Mi sugerencia: aguanta. Más pronto que tarde alguien lo romperá con una aportación, probablemente por salir cuanto antes de esa tensión silenciosa, y se activará la participación.

    Por otro lado, tampoco abuses del uso del silencio... pueden acabar por no entenderte y desquiciarlos.

En situaciones de formación *online* síncronas mantener un silencio prolongado puede causar confusión e incluso dudas sobre el correcto funcionamiento de la conexión. Y, por supuesto, esta estrategia no es aplicable a formaciones *online* asíncronas, donde el silencio por parte del formador es mortal, pues se interpreta como ausencia y constituye un factor crítico de desconexión.

- **Remisión de preguntas al grupo.** Es la situación en la que alguien lanza una pregunta al docente y este se la devuelve al grupo, provocando de esta forma que sea el grupo el que conteste a la pregunta del compañero.

    Se trata de otra técnica que genera la participación de los alumnos permitiéndonos saber qué capacidad de respuesta tienen ante la duda planteada y qué les está llegando. Además, nos permite ganar tiempo para pensar en la mejor respuesta posible si estamos en contextos síncronos (presenciales o virtuales).

    Eso sí, no abuses demasiado de esta técnica o tu credibilidad podrá verse dañada, pues pueden terminar pensando que no conoces bien las respuestas. Por cierto, si no conocemos la respuesta a alguna pregunta que nos hagan, no está de más que admitamos esta realidad y nos comprometamos a darle solución en otro momento, aunque sea fuera del contexto formativo.

- *Storytelling.* La técnica es tan antigua como efectiva y consiste en introducir una historia para ilustrar nuestra explicación, sea una anécdota, un acontecimiento, un cuento o un hecho curioso o significativo.

    Es el momento en el que el docente empieza a contar la batallita y se escuchan los bolígrafos caer sobre la mesa. La gente deja de escribir y se acomoda para escuchar la historia.

    En formaciones *online*, además, estas historias se pueden compartir mediante textos, un vídeo ilustrativo, artículos, etc.

    Esto facilita la comprensión del tema, ya que ayuda a visualizar el desarrollo de contenidos en una situación real o imaginaria que hace que las piezas encajen mejor. Además, es un respiro para los alumnos y una manera de alimentar su atención e interés sobre la materia.

- **Síntesis periódicas.** Se trata de los momentos en los que subrayamos los puntos esenciales del tema, los que consideramos que deben permanecer. Las síntesis reforzarán nuestro mensaje y servirán de orientación a los alumnos.

  Deberás elegir bien en qué momentos las incluyes. Ten presente que son tan importantes como la presentación de los objetivos a los alumnos. Esta estrategia es absolutamente necesaria en todas las modalidades formativas.

La pedagogía de la provocación en formación presencial

Si las anteriores eran estrategias convencionales tan efectivas como fácilmente aplicables, a continuación vamos a ver una serie de estrategias con un carácter más disruptivo.

Las incluyo por su gran valor pedagógico, pero tengo que advertirte de algo: no es conveniente su uso si no se tiene el 100 % de seguridad de su éxito y estamos en un contexto de formación presencial. Y no me refiero a que sepas usar la técnica (y es el criterio que personalmente me aplico), sino a tener la seguridad absoluta de que el alumno reaccionará favorablemente a ella.

La aplicación de estas técnicas depende mucho de la personalidad del formador, las características del grupo y las individualidades que lo conforman. No tengas prisa en aplicarlas si no tienes mucha experiencia en formación o en gestión de grupos y personas. Conócelas, observa su potencial y ya llegará el momento, si tiene que llegar, de que las uses adecuadamente.

Insisto: hablamos ahora de estrategias aplicables al ámbito de la formación presencial; personalmente no recomiendo su uso en contextos de formación en línea síncrona o asíncrona:

- **Formador que no comprende.** El formador da muestras de no estar entendiendo al alumno frente a su pregunta o planteamiento. Se busca que el alumno precise sus ideas, las reformule y desarrolle mejor sus argumentos.

Debes tener cuidado ya que puedes desencadenar dos tipos de reacciones en los alumnos: «si no me comprende... me frustro... y paso, me rindo», con lo que el alumno se cierra; o «si no me comprende... me frustro.... y lo ataco», con lo que se genera una reacción de hostilidad hacia el formador.

Si funciona, el alumno aclarará su punto de vista, incluso se responderá a sí mismo a la duda que plantea, o reforzará su posición de manera argumentada.

- **Formador provocador.** Imagina que tenemos la certeza de que uno de nuestros alumnos tiene su objetivo claro y el potencial para alcanzarlo (y no es una «creencia», sino una «certeza»). En este caso, el formador provoca al alumno retándolo.

Se produce por tanto un conflicto entre el formador y el alumno, pero, lejos de ser negativo, es aceptado por el alumno, quien recoge el guante de buen grado dispuesto a activar sus recursos para superar el desafío que se le plantea.

- **Desviación pedagógica.** Consiste en desviar a los alumnos del tema central, sugiriéndoles otras vías de reflexión o descubriéndoles otras posibilidades. Con esto se facilita el desarrollo de otras perspectivas sobre la materia y se estimula la creatividad. Es como si hubiéramos venido a hablar de sartenes y terminásemos intencionadamente charlando sobre cucharas y las posibilidades de estas y de otros cubiertos. Dejamos el tema ahí, sembramos la curiosidad y volvemos al tema central sabiendo que hemos ampliado la perspectiva de los alumnos.

El peligro es que los alumnos, influenciados por el formador, se desvíen en exceso del tema y se dispersen tanto que luego sea complicado retomar el camino... o se pierdan en razonamientos extravagantes y poco efectivos.

- **Pedagogía del error.** El formador, en el desarrollo de los contenidos, comete errores de manera intencionada. Se trata de despertar y mantener la atención de los alumnos, quienes, en ocasiones avisados por el formador, deberán localizarlos y rectificarlos.

Eso sí: el docente debería asegurarse de que todos los errores son identificados y rectificados y, fundamentalmente, de que todos se han dado cuenta y se han quedado con la solución correcta.

- **Formador sarcástico.** Es una de las estrategias más peligrosas. Si el formador provocador desafiaba al alumno para afrontar un reto, el sarcástico pone en duda la capacidad del alumno para afrontarlo, aunque sepa que realmente sí está capacitado para ello.

   El objetivo es que el alumno se reivindique, que demuestre su competencia; estimularlo para que se active.

   Esta estrategia es muy delicada, y tenemos que conocer y leer muy bien al alumno y el contexto para que salga bien, pues lo contrario generaría frustración, negación y rechazo... ya no solo por parte del alumno, sino también por parte del resto del grupo, que posiblemente se pondrá de parte de su compañero.

Actuación docente en entornos virtuales

- Este tipo de formaciones, sobre todo en su modalidad asíncrona, facilitan la conexión a una diversidad de alumnos en momentos distintos, lo que les permite adaptar el proceso a sus propios ritmos, así que no caigas en un rigor que termine rompiendo esta flexibilidad y sácale partido.
- Estimula la participación y utiliza una metodología variada. Combina debates, exposiciones, trabajos individuales y en grupo, lecturas, prácticas, dinámicas, intervenciones de otros expertos, etc.

   Promueve interacciones entre los alumnos, las actividades colaborativas, los puntos de intercambio de recursos o espacios de encuentro informales dentro del entorno digital.
- Valora las circunstancias individuales de cada participante. Ten paciencia si alguno de tus alumnos tarda en responder. Es importante que los participantes se sientan acompañados, no agobiados.

- Dales el tiempo que necesiten para la realización de las actividades y no generes un volumen de actividad excesivo.
- Apóyate fundamentalmente en los recursos que domines incorporando otros nuevos de forma progresiva. No dejes de experimentar. Que tu creatividad se expanda, pero no a costa del proceso de aprendizaje. Busca tu propio ritmo de crecimiento y desarrollo docente.
- Solicita opinión a los participantes sobre la marcha de la formación: cómo se sienten, qué les parece la carga de trabajo y cómo la gestionan.
- No descuides tu correo electrónico ni el servicio de mensajería. Recuerda la importancia de mantener una comunicación fluida y la inmediatez en las respuestas.
- Presta atención al grado de consolidación de los contenidos, si se entienden adecuadamente las instrucciones de las actividades, si se están siguiendo los tiempos, el tipo de dudas que surgen, las acumulaciones de tareas pendientes, etc. orienta, acompaña e infórmales sobre su progreso.

2. ADULTOS Y APRENDICES

Intereses y motivaciones

Un alumno motivado es el que tiene un interés propio y genuino por su propio aprendizaje y participa de la formación y de sus actividades por lo que representan para él.

En este contexto, un adulto se motivará cuando un proceso formativo le permita incorporar determinados cambios que le faciliten el acceso, el mantenimiento o la promoción profesional; cuando le aporte solución a algún problema o situación; cuando sabe que lo que está aprendiendo es transferible a su vida, o cuando percibe y comprueba que está participando en la gestión y evaluación de su propio proceso de aprendizaje.

Facilitando la motivación para el aprendizaje

1. Posibilita que el objetivo de la formación pueda ser transformado por cada alumno en metas concretas, específicas y alcanzables. Que, trabajando con el mismo objetivo, cada persona lo pueda llevar a su terreno y elabore su propio plan de acción.

   Este aspecto es particularmente relevante en modalidades de formación *online* asíncronas, ya que favorece la autogestión del alumno.

2. Permite al alumnado valorar el objetivo formativo y los contenidos, hacer propuestas e intervenir en el desarrollo de tus clases.

3. Aborda con las actividades situaciones y escenarios que les sean propios y reales.

4. Estimula la creatividad de los alumnos, permite que lleguen a su manera a la solución de los retos propuestos.

5. Pon en valor los conocimientos que ya trae el alumno. Valora positivamente cada aportación. No importa que la respuesta no sea la correcta si es pertinente; en estos casos, corrige la dirección de la respuesta y agradece la participación.

6. Genera momentos de interacción (no competitiva) que posibiliten la transferencia de conocimiento entre unos y otros, acelerando de esta manera todos los procesos (individuales y grupales). Evita que nadie se ponga en evidencia o se sienta frustrado por pensar que no está a la altura.

7. Da descanso y refresca al alumno, no lo lleves al agotamiento, bien con pausas, bien alternando actividades de gran intensidad con otras de intensidad baja o que permitan la distensión del grupo.

8. Que el alumno tome conciencia de sus avances y logros estimula su proceso y su afán de superación, viviendo la formación como una experiencia positiva y gratificante, además de enriquecedora. Genera momentos de autoevaluación individual y colectiva.

9. Apóyalos en su autoorganización y autogestión, sobre todo en formaciones *online*. Proponles itinerarios flexibles que les permitan una adaptación a su realidad. Anímalos a que establezcan sus propios sistemas de seguimiento.
10. Humaniza tu interacción con ellos, sobre todo en contextos de formación asíncrona. No termines respondiéndoles de forma robótica, sino con una contestación positiva y no estereotipada.

3. COMUNICACIÓN PARA LA FORMACIÓN

Una formación no es más que un proceso de comunicación, pero es (o debería ser) un proceso diseñado y estructurado para facilitar la consecución de un objetivo de aprendizaje.

Una buena comunicación es la que hace posible la experiencia de aprendizaje y la posterior transferencia del conocimiento a la vida real de las personas.

Siempre estás comunicando

Algunos de los axiomas del proceso de comunicación que describió Paul Watzlawick, uno de los padres de la teoría de la comunicación humana, nos ayudan especialmente a definir las líneas estratégicas para una adecuada comunicación en el aula, física y virtual:

- **Es imposible no comunicar.** Esto es, siempre que haya otra persona u otras personas contigo, estas interpretarán tu conducta. Será imposible que puedas evitar que te lean y te interpreten. Aunque no digas nada, los demás ya están recibiendo ese mensaje. Por tanto, es imposible no comunicar.

Desde el momento en el que tomas contacto directo o indirecto con los alumnos, incluso antes de empezar la sesión, ya estás comunicando. ¿El qué? Pues lo que expresen tus actitudes, tus palabras, tu tono de voz y tu manera de interactuar. Tomar conciencia de esto nos permite empezar a gestionar intencionadamente el impacto de nuestra conducta y ganar efectividad a la hora de transmitir lo que queremos.

- **Toda comunicación tiene una dimensión de contenido y otra de relación, de tal forma que la segunda condiciona a la primera.** Lo que quiere decir que una cosa es lo que se dice (contenido) y otra quién lo dice (relación), no siendo lo mismo que algo sea dicho por el docente (persona de referencia) que por otro alumno (compañero).

Calibra el impacto de tus mensajes, para lo bueno y para lo malo. Esto no significa que lo que tú digas vaya a misa, sino que lo que tú expresas (desde tu rol de facilitador) tiene un alcance distinto a cuando lo expresa otro participante, aunque lo hayas dicho en el pasillo antes de entrar en clase o en el tiempo de espera antes de iniciar una videoconferencia.

- **Los procesos de comunicación pueden ser tanto simétricos como complementarios.** Una comunicación simétrica es la que se da entre dos alumnos y una comunicación complementaria la que acontece entre docente-alumno. Si bien todos participan del mismo contexto, los roles que cada uno desempeña condicionan la comunicación.

Es conveniente que asumas tu rol. Con responsabilidad, sin miedos y sin dudas. Lo contrario generaría una ambigüedad que, como veremos al final de este capítulo, puede acarrear consecuencias negativas para todos y para el proceso.

Lo que se dice y lo que no se dice

La comunicación humana implica dos modalidades: la verbal y la no verbal. Son las dos caras de la misma moneda: lo que se dice (verbal) y el cómo se dice (no verbal), siendo esta última la que determina el significado del mensaje.

Así, además de cuidar el mensaje, su estructura, sus palabras y el canal adecuado para su expresión, cuida de igual manera (o más) la forma en la que vas a expresar todo esto, porque será lo que determine el sentido de lo que digas.

Tu lenguaje verbal

- Sé lo más claro posible; utiliza expresiones sencillas sin perder el rigor necesario. No te compliques con discursos excesivamente adornados que oculten el núcleo central de la cuestión. Ve al grano, pero sin convertir tus mensajes en telegramas que roboticen tus intervenciones.
- Cuando estés abordando una idea clave, no te desvíes gratuitamente del tema ni despistes metiendo otros conceptos.
- Ajusta el lenguaje adecuado a cada contenido y momento.
- Si tienes que utilizar algún tecnicismo, asegúrate de que todos lo entiendan. Posiblemente algunos formen parte de los contenidos, pero si los damos por supuestos, se convertirán en una barrera para que te sigan y te comprendan; incluso pueden llegar a ser una fuente de estrés para los alumnos.
- Elige bien la forma en la que explicarás los conceptos más abstractos; utiliza metáforas, historias, demostraciones, ejemplos, etc. que permitan visualizarlos.

Deja que los alumnos te conozcan, que perciban cómo eres a la hora de expresarte, cómo son tus discursos naturales (con sus aciertos y sus errores); te agradecerán este tipo de honestidad y facilitarás la conexión.

Tu lenguaje no verbal

- Cuando estemos en entornos físicos, mantén una postura abierta y natural, ni excesivamente rígida ni relajada. No te escondas detrás de una mesa, y menos aún en los momentos iniciales.

- También en contextos físicos o cuando nuestros alumnos puedan ver nuestras expresiones (en una videoconferencia, por ejemplo), ten en cuenta que tus gestos faciales están comunicando. Te permitirán reforzar el mensaje verbal, dar indicaciones o incluso gestionar la participación en el grupo. Ahora bien, no olvides que nuestros gestos informan también sobre nuestro estado emocional, así que en algún caso necesitaremos gestionar la emoción para enfocar la comunicación.
- Tu mirada será una gran aliada. No la focalices en una o dos personas cuando estemos en contextos presenciales. Normalmente (e inconscientemente) solemos dirigir la mirada a quienes consideramos o interpretamos que tienen un cierto peso en el grupo o están iniciados en la materia. Reparte tu mirada, mantén contacto visual con todas las personas de una forma natural. Interpretarán que son tenidas en cuenta, siendo esta una de las estrategias de conexión más efectivas.
- En espacios físicos, muévete por el aula y no permanezcas estático. Evita dar la espalda durante un tiempo continuado a parte del grupo. Se trata de que no permanezcamos estáticos, pero nuestros movimientos no dificulten el seguimiento de la sesión.
- Procura que tu proximidad con los alumnos en contextos físicos sea la adecuada cuando, por ejemplo, te acercas a resolver alguna duda. Posiblemente el concepto de «distancia social adecuada» esté cambiando en los últimos tiempos, pero recuerda: si nos acercamos en exceso podemos resultar invasivos e incómodos, y si permanecemos distantes podemos transmitir igualmente una idea de lejanía, distancia o incluso falta de atención hacia esa persona. En la actualidad, seguramente resultará complejo dar con esta distancia adecuada.
- Proyecta tu voz con el volumen y la entonación adecuados para que, además de que todo el mundo te escuche con claridad, puedas resaltar alguna parte, destacar alguna idea, captar

la atención, etc. Si nuestra entonación es monótona, nuestro discurso también lo será. Si nuestra entonación y nuestro volumen son variados y pertinentes, ganaremos en expresividad. Del mismo modo, ojo con la velocidad y la pronunciación.

Cuando das y cuando recibes

En tu formación, como en todo proceso de comunicación, emitirás un mensaje y recibirás una respuesta (*feedback*), que será clave para saber qué le está llegando a los alumnos y actuar en consecuencia.

Repito: el *feedback* de nuestros alumnos y alumnas será clave para saber qué es lo que está llegando y actuar en consecuencia.

Cuando damos

Como emisores de un mensaje en un contexto previsto, es importante que planifiquemos bien nuestra estrategia para transmitir con la máxima fidelidad posible.

Para ello, hemos visto la importancia de compartir con los alumnos el objetivo formativo y planificar la formación con lógica y secuencialidad. Deja que el centro de atención lo constituyan los contenidos y el protagonista sea el alumno.

Lo importante en comunicación no es lo que dice el receptor, sino lo que entiende el emisor, así que indaga qué es lo que están captando los alumnos, sobre todo con las actividades y prácticas que les propongas.

Elige siempre el canal más adecuado, independientemente de que estemos en formaciones presenciales o virtuales. ¿Utilizo un texto?, ¿una presentación?, ¿un vídeo?, ¿un artículo?, ¿la pizarra analógica o digital? Piensa bien, dentro de las posibilidades que tienes, cuál será la mejor opción para transmitir tu mensaje teniendo en cuenta al alumnado y los objetivos. Elige los medios sobre los que tengas un manejo adecuado y que mejor ilustren tu intervención.

Cuando des *feedback* a un alumno, procura que sea lo más inmediato posible a la conducta sobre la que quieres informar; que sea específico, constructivo y recaiga sobre aspectos susceptibles de cambio o de mejora por su parte.

Cuando recibimos

Cuando tu rol sea el de receptor de un mensaje que te da un alumno o el grupo, ten paciencia y, ante todo, no cortes la intervención de quien te esté hablando. Deja terminar, deja que el mensaje te llegue completo.

Es más, procura adoptar una postura neutral mientras esto ocurre. Si en mitad de la intervención de la persona que te habla empiezas a poner caras, a ladear la cabeza o a exagerar los movimientos, estarás dando a entender que piensas más en cómo responder a lo que te están diciendo que en escuchar. Es posible que en estos casos la fuerza de la exposición de la otra persona decaiga, que se vaya apagando porque ha dejado de sentirse escuchada... o, por el contrario, que la reactives, pero para responder a tus gestos, no para expresarse.

Asegúrate de que has entendido exactamente lo que te querían comunicar. Es mejor cerciorarnos de que lo hemos entendido que dar rienda suelta a las suposiciones sobre lo que nos habrán querido decir.

En formaciones con presencialidad y visibilidad docente/participantes, ten en cuenta que la mayoría de las respuestas emitidas por los alumnos te llegarán a través de su lenguaje no verbal, así que es necesario que seas sensible a estos gestos, expresiones y movimientos que se van a suceder en el desarrollo de las sesiones.

Son signos de atención por parte de los alumnos mantener la mirada, coger notas y echar su cuerpo hacia delante. Por el contrario, un alumno con el cuerpo hacia atrás o escurrido, con la mirada distraída, posiblemente tenga poco interés... ¡¡o esté cansado!!

Un alumno que se incorpora con rapidez es posible que quiera intervenir o que se haya visto afectado por algo que se ha dicho o hecho en clase. Si estos gestos son bruscos, con movimientos repetitivos de pies o manos o manipulación rápida de objetos, quizás estemos ante un alumno nervioso o irritado por algo.

Levantar los brazos rápidamente y arquear las cejas son indicios de sorpresa. Los movimientos de cabeza en un sentido u otro denotarán acuerdo o desacuerdo y la fuerza con la que se hagan estos movimientos indicará la intensidad. Fruncir el ceño y la boca y entornar los ojos pueden indicar que el alumno no comprende lo que estamos transmitiendo, algo no le encaja o no está de acuerdo con lo que decimos.

Para interpretar todos estos gestos de forma adecuada es importante y absolutamente necesario considerar el contexto en el que se producen. Ratifica estos mensajes con cuidado, respeto y prudencia, sin poner en evidencia a nadie, y aprovéchalos para dar la mejor respuesta posible en cada momento.

Barreras

En un proceso de comunicación como el nuestro lo normal es que se pierda información entre lo que el formador piensa y lo que dice. ¿No te ha pasado alguna vez eso de tener una idea en la cabeza y sentir que no estás expresándola exactamente cómo quieres?

Además, se seguirá perdiendo información entre lo que el formador dice y lo que el alumno oye, entre lo que el alumno oye y lo que el alumno escucha, entre lo que el alumno escucha y lo que termina comprendiendo, entre lo que comprende y recuerda, y entre lo que recuerda y finalmente termina usando.

La cuestión no es solo que se vaya perdiendo información; además, se irá distorsionando, como en el juego del teléfono, en el que unas personas se van pasando un mensaje a otras al oído dando como resultado un mensaje final distinto.

¿Qué estrategia podemos emplear en este caso para reducir el impacto de esta pérdida y transformación de información? Enfocarnos y resaltar las ideas-fuerza de nuestro mensaje, utilizar la redundancia pertinente y creativa para apuntalar lo significativo. Repetir de distintas formas los puntos esenciales del mensaje.

Además, cuida en la medida de lo posible que las condiciones del entorno y los recursos sean los adecuados, esto es, que la acústica, el ruido, la visibilidad, la legibilidad o la conexión sean los óptimos y no supongan un obstáculo en tu comunicación.

Otras barreras del proceso de comunicación pueden relacionarse con las circunstancias emocionales del grupo, de un alumno en concreto y, por supuesto, también con las tuyas. Estas circunstancias pueden originar importantes interferencias en la atención. Imagina que haya acontecido alguna circunstancia (positiva o negativa) que nos revolucione el ánimo, que aparezcan los nervios ante un ejercicio, que aflore la timidez, etc.

Ante estas situaciones, acepta, comprende y actúa. Acepta que las emociones son inevitables y parte de nuestra naturaleza, y que somos permeables a lo que ocurra; acepta también aquello que no dependa de ti por muy incómodo que resulte. Comprende la situación, el contexto, tu reacción o tu respuesta, o lo que puede haber detrás de la conducta de otras personas. Y actúa con la acción que mejor puedas articular en ese momento, con tus recursos o con los que puedas conseguir. O aplaza tu respuesta y marca tus propios límites con asertividad.

Como facilitadores, debemos tener la sensibilidad necesaria para detectar este tipo de estados de ánimo y responder adecuadamente. A veces tendremos que buscar el momento en el que las personas estén abiertas y nosotros tengamos el equilibrio que se precisa.

Deberemos detectar cuándo bajar el ritmo y cuándo incrementarlo; saber dar descanso, destensar, romper el contexto, y ser muy comprensivos con la realidad en la que habita el grupo y sus circunstancias.

Considera si tus alumnos pertenecen a culturas distintas o existe en el grupo una diferencia de nivel muy acusada respecto a la materia que pueda generar alguna interferencia en el proceso de comunicación.

Por último, otra de las barreras más complicadas de gestionar es la relativa a las creencias y los valores de los participantes y las posibles colisiones que se puedan dar entre ellos. En este caso, y desde el primer momento, es importante favorecer y generar actitudes que mejoren y faciliten la empatía en el grupo y las conductas de aceptación y respeto. Es conveniente no tomar partido por ninguna postura ni convertirnos en jueces de nada.

La comunicación en contextos virtuales

Aviso a navegantes: todo lo que he venido comentando hasta ahora sobre comunicación y barreras de la comunicación es aplicable a la formación en contextos virtuales. En este sentido, solo tienes que excluir las variables que pertenecen por su naturaleza al ámbito de lo presencial. Es importante que tengas esto en cuenta porque no te aconsejo que vengas directamente a esta parte sin considerar lo anterior.

No obstante, es cierto que la comunicación en este tipo de formación tiene sus características propias. ¿Cómo debe ser nuestra comunicación con el alumnado cuando estamos facilitando una formación *online*?:

- **Frecuente.** No debemos desparecer y generar una sensación de desamparo o desinterés. Recuerda que el alumno estará trabajando mayormente en soledad y necesita referencias, sobre todo las nuestras.
- **Rápida.** No se trata de que estemos las 24 horas conectados, pero una respuesta en contextos asíncronos no debería demorarse (¡como mucho!) más de 24 horas (de lunes a viernes). En todo caso, ¡responde siempre!

- **Clara.** No se trata de escribir un telegrama, pero la brevedad e ir al grano van a ayudar mucho en este sentido.
- **Razonando las intervenciones en foros y evaluaciones.** Facilitarás que te entiendan o te repliquen con criterio y además estarás marcando la pauta de cómo debe ser la comunicación en proceso.
- **Constructiva.** Valora todas las aportaciones; no solo el contenido, sino también el esfuerzo y la contribución del alumno. Por supuesto, si tienes que corregir, corrige, pero esto no resta que pongas en valor y agradezcas la participación.
- **Con un estilo respetuoso y democrático.** Facilitará el sentimiento de pertenencia y comunidad, necesarios para un aprendizaje abierto, conectado y colaborativo.

Una cuestión esencial en la comunicación dentro de este tipo de formaciones es la capacidad de expresión escrita. Con ella no solo debemos ser capaces de expresar conocimientos y solicitar tareas; además necesitaremos expresarnos con el tono emocional adecuado que acerque y humanice nuestra comunicación con el alumnado.

En este sentido, cuidado con el sentido del humor o la ironía, pues quizás no todo el mundo entienda la idea de la misma forma. Un comentario divertido en una clase presencial puede convertirse en el comentario más desafortunado en un entorno virtual.

Eso sí, siempre ganarás mucho si con tu escritura transmites amabilidad y disponibilidad, y luego, por supuesto, tus actos lo ratifican.

Aunque en el siguiente capítulo hablaremos del grupo, acepta los distintos niveles de participación que se pueden dar, no fuerces a nadie a participar; considera que cada persona tiene su ritmo y estilo de aprendizaje y que muchas pueden aprender observando y escuchando. No pongas en un compromiso a nadie.

Y teniendo en cuenta todo lo que llevamos dicho, específicamente, a la hora de afrontar tus videoconferencias:

- Trabaja el mensaje previamente y diseña tu comunicación desde la posición espectadora; nunca diseñes una sesión a la que tú no querrías ir.
- Comprueba bien que todo funciona (cámara, micro, luz, etc.) y con tiempo suficiente para poder reaccionar ante algún problema técnico que te pudieras encontrar. Esto te dará seguridad y tranquilidad para afrontar la videoconferencia.
- Cuida tu imagen; el hecho de que puedas estar digiriéndote a nuestros alumnos desde entornos domésticos no significa que no estés en un contexto profesional. No bajes la guardia en este sentido.
- Cuida tu espacio, pues también dice algo de ti.
- Prevé posibles interrupciones (llamadas de teléfono, irrupción de otras personas, etc.).
- Pide *feedabck* al grupo, pregunta, genera participación, comprueba qué es lo que le está llegando.
- Apóyate en recursos visuales, tanto digitales como físicos (atrévete a introducir objetos de apoyo que salgan de la pantalla), que en definitiva refuerzan el mensaje que estás dando y multiplican las posibilidades de que ese contenido permanezca en la memoria de los alumnos.

4. SITUACIONES DIFÍCILES

Cuando hablamos de «situaciones difíciles» en formación, no solo debemos considerar las ocasiones en las que los alumnos nos retan o nos ponen a prueba de una u otra manera. Además, debemos pensar en los casos en los que nosotros, como formadores, somos fuente de dificultades.

Me vuelvo a apoyar en el esquema de P. Casse para abordar algunos casos complicados que se pueden generar y que quiero compartir contigo desde mi práctica y enfoque.

Cuando el docente lo complica

- **El facilitador confuso.** Puede estarlo porque no conoce la materia y cae por ello en malentendidos y contradicciones, no se ha preparado la formación o no sabe prepararla o no es capaz de ajustarse al contexto del encargo y al nivel de los participantes.

  Lo peor de estos casos es que el docente no caiga en la cuenta de la confusión que genera por evitar recoger el *feedback* que le dan sus alumnos o porque los alumnos no quieran dárselo o no se atrevan.

  Para evitar esta situación, haz una adecuada detección de necesidades previas y ajusta tu trabajo al objetivo formativo y a las condiciones de contorno que se te planteen; prepara bien la formación, alineándola con lo anterior, y estimula la participación de los alumnos para tomar el pulso al proceso de forma continua.

- **El docente que lo sabe todo.** Es el formador que se coloca en el centro del acto formativo. Todo lo sabe, todo lo vivió y, si no, conoce a alguien al que le haya pasado algo similar. Normalmente sus sesiones se caracterizan por intercalar muchos discursos que hablan de sus batallitas y anécdotas, que, si bien pueden ser de interés (y ciertas), terminan agotando a la audiencia.

  Suele hablar con un tono en el que parece que, si no caes en la cuenta de lo que te está contando o no habías caído antes, eres tonto, porque todo lo que te cuenta es lógico, funcional y evidente. A veces parece que te está riñendo o adopta por su cuenta actitudes excesivamente paternalistas.

  Es un formador que suele cortocircuitar el proceso de aprendizaje de sus alumnos, que en el mejor de los casos podrán informarse de muchas cosas, pero que no tienen la oportunidad de consolidar los contenidos por ellos mismos, dificultándose así la transferencia del aprendizaje.

  Lo crítico de este tipo de docentes es que su ego es tan grande que no les permite ver esta situación que originan. En el caso de que alguno tuviese la sospecha de que esto le pudiera estar ocurriendo, lo mejor que puede hacer es darle el máximo de autonomía posible al grupo en la gestión de los procesos y actividades, generando el máximo de participación y limitando sus intervenciones a facilitar los puntos clave y proponer el siguiente paso.

- **El indolente.** Es el formador que, en un supuesto acto de *buenrollismo*, democracia y participación extrema, sugiere a sus alumnos que sean ellos los que elijan qué quieren dar y cómo lo quieren desarrollar... Va a lo que surja.

  En estas formaciones se corre el peligro de que únicamente se cubran unas dudas puntuales, que precisamente serán las de los más participativos (y monopolizadores), quienes estarán encantados, mientras que el resto... pues el resto va y viene...

  Ojo, es posible que este docente no se haya preparado la formación, y se le debería exigir una mayor implicación.

- **El ambicioso.** Es el formador que funciona en clave «cuanto más, mejor», por encima incluso de las capacidades de los alumnos (y a veces de las suyas propias), del contexto de la formación, del tiempo que se tiene y de los recursos de los que se dispone. Los resultados son escasos, pues hay una cantidad tan grande de contenidos que resulta imposible digerirlos.

  Para evitar esto, habrá que determinar muy bien el nivel de los participantes y enfocarse en los contenidos necesarios, prescindiendo de los interesantes y complementarios.

Todos en algún momento podemos ser fuente de dificultades como docentes. Para no caer en estos comportamientos, genera participación, permite que te evalúen, tolera las críticas y acepta que tu trabajo sea cuestionado sin venirte abajo; permite que los alumnos aporten a la formación su conocimiento y sabiduría; recuerda que la formación es un medio, no puede ser un fin, así que sé flexible con tu programación y tus planteamientos; sé respetuoso, evita bromas de mal gusto y sarcasmos que pudieran no ser bien entendidos, y no te quejes en el aula por tu trabajo, por la falta de medios, por la gestión, etc.

Cuando el alumno no lo pone fácil

- **El alumno pasivo.** Tiene un bajo o nulo índice de participación y de respuesta a los planteamientos del formador. Inyecta densidad y pesadez al ambiente con su actitud, sobre todo si estamos en un contexto presencial. A veces parece ausente y otras fatigado.

   Es posible que el tema no le interese, que no sea objeto de sus necesidades; o que el formador esté usando un nivel demasiado alto o bajo y esto le haga desconectar. En estos casos debes tener la capacidad de detectar esta situación y generar un momento compartido (bien con todo el grupo-clase, bien en grupos pequeños) de puesta en común sobre qué aspectos interesan, cuáles echamos de menos, etc. La cuestión es responder a esta situación y no pasarla por alto.

   También puede ocurrir que los alumnos perciban ciertos riesgos en la formación (el tema es comprometido o dificultoso) y no quieran ponerse en evidencia, por lo que prefieran adoptar una postura pasiva. En estos casos es importante generarles confianza, trabajar en un inicio con grupos reducidos y establecer reglas de participación seguras.

   Por último, puede que los alumnos estén realmente cansados. Percibimos cómo al grupo se le van acabando las pilas, la participación ha decaído, ya no es igual que al principio. Es conveniente ser empáticos en estos casos: considera dar un descanso al grupo, realizar alguna actividad de activación e incluso (si el grupo ha trabajado bien, ha sido productivo y cabe esa posibilidad) finaliza la sesión con una síntesis para continuar al día siguiente con la energía renovada.

   En contextos *online*, deja tiempo a que los alumnos se adapten a la dinámica digital. Detecta los retrasos importantes, la acumulación de actividades sin hacer o los tiempos de desconexión excesivos. Escríbeles de forma privada y directa. Ojo, si no se conectan a la plataforma, no lo hagas a través de su servicio de mensajería. Envíales un correo y pregúntales qué necesitan para seguir la formación. Infórmales de lo que llevan y lo que les queda e incluso proponles estrategias de estudio para que puedan organizar los contenidos que tienen pendientes.

- **El alumno monopolizador.** Se apodera del turno de palabra con discursos largos, normalmente llenos de anécdotas personales. Esta situación puede deberse a que el alumno tenga un nivel superior al resto, a que sea una persona dispersa con tendencia a perderse en detalles poco relevantes o a que no maneje bien sus habilidades sociales.

  En estos casos es importante ser tan respetuoso como tajante, invitando amablemente a que acorte sus intervenciones, vaya al grano o acate las normas de participación establecidas. Si estuviésemos ante una persona con un nivel superior al del resto de sus compañeros, podemos convertirlo en un aliado e indicarle en qué momentos puede completar nuestra explicación con algún ejemplo o vivencia. Eso sí: siempre que sean historias pertinentes y dentro de las pautas que le establezcamos.

  Si previamente hemos establecido unas normas de participación comunes, contribuiremos a evitar que estas situaciones puedan darse... aunque bueno, la fuerza de una persona monopolizadora es insospechada.

- **El alumno agresivo.** No es lo más habitual, pero entra dentro del espectro de situaciones que nos pueden ocurrir. La agresividad se puede manifestar en un aula de diversas maneras, desde la física (la que menos se da) hasta la verbal (un insulto o comentarios especialmente críticos y ácidos). Son situaciones muy comprometidas para nosotros, ya que ponen en juego nuestra posición en el grupo.

  Para prevenir este tipo de situaciones es importante, como dijimos en capítulos anteriores, diseñar una buena acogida en el primer momento. Dejar claro cuál es el objetivo compartido y la metodología que se va a seguir ayudará a que se genere el contexto adecuado.

  La agresividad puede ser fruto de un sentimiento por parte de los alumnos de que no se está aprovechando el tiempo y el proceso no sirve para nada. O de que perciban la formación como peligrosa porque cuestiona la forma en la que están acostumbrados a hacer las cosas. Una programación formativa basada en las necesidades y los intereses de los participantes reducirá considerablemente que se pueda dar esta situación. No ignores esta agresividad; detéctala y utilízala constructivamente.

- **El alumno desviador o manipulador.** En este caso, y a diferencia del monopolizador, cuyo objetivo es hablar, hablar y hablar, el desviador o manipulador trata de llevar la formación hacia su propio interés. Tiene muy identificada su necesidad, qué quiere, y tratará de influir para que el acto formativo se centre en ello.

  Nosotros, llegado el caso, le recordaremos a ese alumno cuál es el objetivo común y cómo en su desarrollo se le responderá a su necesidad. Es importante no dejar que la manipulación penetre en el resto del grupo y responder a las necesidades de todos.

Nos quedaría otra situación difícil en formación de adultos, la formación en distintos niveles, esto es, cuando en un mismo grupo nos encontramos con que no todo el mundo tiene el mismo punto de partida, pero esto lo veremos en el próximo capítulo.

Es importante que tengas en cuenta respecto a todas estas fuentes de dificultades, las que tienen su origen en el formador y las que lo tienen en el alumno, que ni son todas las que se pueden dar ni las estrategias que se proponen son las únicas soluciones. Tómate estos párrafos como ilustrativos de lo que puede darse. Ojalá te puedan inspirar la mejor respuesta posible.

Líneas estratégicas de este capítulo

⊙ El liderazgo docente es la capacidad que tienes de activar a un grupo de personas mediante una estrategia definida y orientada al aprendizaje. Eres un proveedor de recursos de aprendizaje para tus alumnos.

⊙ Recuerda presentar lo que vas a contar, contarlo y resumir los puntos más importantes que has tratado. Además, utiliza las preguntas, los silencios, las metáforas y las síntesis como actuaciones básicas en la transmisión de tus mensajes.

⊙ No utilices la pedagogía de la provocación si no tienes la certeza absoluta de que te va a funcionar. No la uses en contextos de formación a distancia.

⊙ Dale responsabilidad al alumno en su propio proceso de aprendizaje y margen de maniobra para que tome partido en las estrategias didácticas.

⊙ Siempre estamos comunicando. Es importante «lo que se dice», pero el «cómo se dice» determina el significado del mensaje.

⊙ Cuida tu lenguaje verbal y no verbal en todos los contextos formativos. Transmitimos también con nuestra imagen, el diseño que hayamos hecho de la formación, nuestros materiales, etc.

⊙ Genera *feedback*, pues es la respuesta que te dan los alumnos a tu mensaje y te informará de lo que están consiguiendo y cómo.

- ⊙ Identifica las posibles barreras que pueden causar interferencias en el proceso formativo: pérdidas de carga, dificultades del entorno, recursos adecuados o incluso circunstancias emocionales y estados de ánimo. Actúa en consecuencia.

- ⊙ En contextos virtuales mantén una comunicación frecuente, rápida, clara, razonada, constructiva y respetuosa. Cuida tu expresión escrita.

- ⊙ Recuerda que el docente puede ser fuente de dificultades.

- ⊙ Los casos más representativos de los alumnos como fuente de dificultades son los pasivos, monopolizadores, agresivos y desviadores.

- ⊙ Recuerda mantener en tu ejercicio docente cabeza, estómago y corazón.

12
EL GRUPO Y LAS ACTIVIDADES

 OBJETIVO DEL CAPÍTULO: Gestionar y dinamizar al grupo de aprendizaje de manera efectiva, considerando las necesidades colectivas e individuales.

1. EL GRUPO

Puesta en marcha

Trabajarás normalmente en grupo, tú y tus alumnos, y esto será un reto para todos que exigirá la puesta en marcha de una serie de habilidades sociales que lo mismo no forman parte directamente de los objetivos y los contenidos de la formación, pero que son absolutamente necesarias para que se consigan.

El grupo se puede generar en un contexto presencial o virtual. A veces te resultará sencillo, la mayoría de las veces complejo, pero esta es una de las dimensiones de la formación que mejores efectos y más aprendizajes dejan en participantes y facilitadores.

Se va a generar un microuniverso, siendo cada persona una galaxia, cada una con sus planetas y sus fuerzas gravitatorias; con sus valores, sus creencias, su experiencia y su historia. Cada persona tiene su historia. Ninguna conducta es por casualidad; detrás de cada conducta siempre hay una historia, y conocerla (si llega el caso y es pertinente) te hará ver cómo todo tiene su encaje. En otras palabras, conocer y entender mejor a la persona facilita su gestión dentro del grupo.

Los primeros momentos son esenciales: la gente se fijará en ti, en cómo te presentas, en cómo presentas la formación y en las normas de funcionamiento, y serás tú quien marque la pauta socioemocional del grupo, en contextos presenciales o virtuales, síncronos o asíncronos.

Si el grupo no se conoce, los primeros momentos serán de exploración. La gente estará a la expectativa; las personas más introvertidas estarán un paso atrás, observantes, mientras que las más extrovertidas interactuarán algo más, pero estarán atentas a cuál es la respuesta a sus iniciativas.

Si el grupo se conoce, se acentuarán los roles que ya traían asignados, bien porque el grupo los refuerce (pidiendo al gracioso que sea más gracioso o al intelectual que sea el intelectual de la formación), bien porque la persona busque posicionarse directamente.

Y es que, cuando se dan este tipo de situaciones, las personas buscan resolver una serie de incógnitas:

- ¿Qué se va a hacer? ¿Cómo? ¿Para qué?
- ¿Quiénes son los demás? ¿Cómo actuarán?
- ¿Qué se espera de mí?

Las anteriores son unas preguntas latentes que cuanto antes se respondan mejor; eso sí, de acuerdo con el contexto, ya que no es igual que la formación dure tres horas o tres meses. En el primer caso no deberíamos invertir más que el tiempo suficiente para que las personas aterricen sin sobresaltos en la experiencia formativa; en el segundo merece la pena dedicar tiempo y estrategia para aclarar estos términos.

A la hora de responder a estas preguntas tampoco es igual que estemos ante una formación presencial u *online*. En la presencial las personas son conscientes de que el grupo, más o menos cohesionado, existe y nuestra acción se orienta a que se sientan cómodas y fluyan las primeras interacciones, mientras que en la formación virtual tendremos que invertir más esfuerzos para que se cree precisamente esa consciencia de grupo de aprendizaje.

Evita hacer dinámicas de presentación extravagantes (salvo que el contexto de tu formación lo exija) o que no tengan un objetivo claro. Una dinámica desproporcionada y que ponga a la gente en una situación social controvertida al inicio de un proceso estará enviando un mensaje equivocado y creando cierta confusión en cuanto al objetivo del curso y la metodología.

Muchas veces una simple charla por parejas o por tríos en la que se alternen algunas preguntas relacionadas con la formación (¿qué esperas del curso?, ¿qué experiencia previa tienes?) con alguna pregunta personal de riesgo bajo (¿dónde naciste?, ¿qué te gusta hacer los fines de semana?) produce unos efectos fantásticos. La gente se siente más cómoda hablando en grupos pequeños, se relaja; luego la puesta en común es más sencilla, y se generan conversaciones en las que se descubren puntos comunes que son un curioso y necesario elemento cohesionador.

En contextos *online*, abre un foro del tipo «*¿Quiénes somos?*», un espacio que permita igualmente a las personas presentarse, decir algo de sí mismas y qué esperan de la formación. Invítalas a que compartan sus redes y que conecten entre sí para empezar a tejer las necesarias conexiones.

No obstante, insisto, cuida el tiempo y el ajuste al contexto en cuanto a las presentaciones.

Y, por cierto, si alguien se incorpora algún día más tarde a la formación, piensa que tiene los mismos interrogantes, y que deberíamos facilitar que se despejen, o mejor aún, que el propio grupo se los despeje.

Claves de cohesión

La cohesión es el resultado de todo lo que hace que las personas quieran permanecer en un grupo.

Favorecer la cohesión va a contribuir a que las personas se encuentren en un entorno seguro, propiciando más apertura a la hora de participar en las actividades. Percibirán que tienen un grupo de personas con quienes comparten problemas y en el que pueden apoyarse para resolverlos. Y, no menos importante, un grupo cohesionado no pierde el tiempo en revueltas socioafectivas y le resultará más fácil enfocar la energía en la tarea.

En definitiva, se genera un estado de ánimo en el que es agradable trabajar, se favorece la cantidad y calidad de interacciones entre sus miembros y, por tanto, se incrementa la posibilidad de que exista una red de contactos más allá del proceso formativo.

¿Y cómo podemos facilitar la cohesión del grupo?

Dos de las variables más importantes que contribuyen a la cohesión de un grupo de formación son, paradójicamente, variables individuales:

- La primera, que las personas de forma individual tengan interiorizada la importancia de aprender, algo que termina generando una sinergia imparable hacia el éxito del proceso formativo.
- La segunda, que la persona perciba que estar en el grupo le merece la pena. Que el beneficio de estar en el grupo es mayor que el coste que le supone. Esto tendrá mucho que ver con lo que cada persona necesite y el grupo le ofrezca (a veces la resolución de cuestiones técnicas, afrontar problemas profesionales, cuestiones sociales, etc.).

Además de estas variables individuales, facilitarás la cohesión del grupo si trabajas estos aspectos:

- Aprovecha las actividades de detección de necesidades para que los integrantes del grupo tomen conciencia de que existen intereses y necesidades comunes.
- En el mismo sentido, tener un objetivo compartido es otro de los elementos básicos en la cohesión de un grupo de aprendizaje. Es interesante que la formulación de este objetivo sea específica y alcanzable, y que al mismo tiempo permita el ajuste con los objetivos individuales de cada participante.
- Unas normas de participación comunes y aceptadas generarán en los alumnos una expectativa de funcionamiento. Si las personas contribuyen a la elaboración de estas reglas, su compromiso con ellas y con el grupo será mayor.
- Genera confianza y fomenta la participación. Cuando los alumnos se sienten confiados, se arriesgan, pues asumen el error y la equivocación como algo natural en un proceso de aprendizaje que vivirán como propio.
- Refuerza abiertamente los éxitos colectivos, felicita al grupo cuando lo hace bien y permítele espacios de autoevaluación y de mejora de su desempeño. Favorece también el refuerzo mutuo, la cultura del reconocimiento y agradecimiento entre compañeros.

    Cuando el grupo percibe que las interacciones que se dan son sanas y productivas, le da valor al momento formativo y lo convierte en una experiencia positiva.
- Deja que los alumnos se rían. Las risas cohesionan. Deja que vivan las emociones que vayan emergiendo. Confía en el grupo, disfruta de tus alumnos.
- Además de todo lo anterior, en entornos *online:*
    - Haz posible que las personas puedan conectarse personalmente entre ellas por los medios que decidan.
    - Asegúrate de que existen sistemas de comunicación bidireccionales que funcionan con fluidez y a los que todo el mundo tiene acceso.
    - Abre foros en los que se facilite la comunicación informal.
    - Ya lo hemos dicho en varias ocasiones: valora la simple participación.

- Fomenta el diálogo, no solo los debates, sino el diálogo en el que se expresan posturas, inquietudes y percepciones sobre algo.

Gestión del grupo

La gestión del grupo empieza con el ejercicio de una cordialidad sencilla y natural: llama a la gente por su nombre, refuerza positivamente los éxitos individuales y colectivos de los participantes y sé prudente (en las formas) a la hora de evaluar lo que puede ser mejorable. Nada más y nada menos.

Un exceso de directividad por nuestra parte ahogaría las iniciativas de los participantes y generaría un ambiente de tensión. Pondríamos en peligro que el grupo sea responsable y autónomo en su aprendizaje. Por el contrario, si te muestras excesivamente abierto y flexible en un mal y desproporcionado ejercicio de acercamiento, la situación se volverá igualmente crítica y ambigua, no se optimizarán el tiempo y las energías y se generará una mezcla de desorientación, pasividad y desgana. La formación está condenada en uno y otro caso.

Gestionar adecuadamente un grupo de aprendizaje adulto se basa en la horizontalidad, la participación y la flexibilidad: tú eres un miembro más que participa de la acción formativa facilitando las actividades, marcando los tiempos y adaptando el proceso a la realidad del grupo.

Estamos integrados, pero mantenemos nuestra posición. Eres tú quien decide lo que hay que hacer en cada momento; quien coordina y reparte recursos. Con las normas adecuadas nuestro grupo casi funcionará solo, se respetarán las individualidades y las personas se identificarán en el colectivo. Se reforzará la cooperación y se alimentará la participación dentro de un contexto acordado y aceptado por todos.

Eso sí, mantén tu rol y deja al grupo respirar. Que seas uno más no significa que invadas sus momentos. Te lo expreso de otra manera: comparte con el grupo, dentro y fuera del aula, actividades formales e informales y disfrútalas... pero déjalo respirar, deja momentos en los que pueda hablar sobre el proceso, la formación o incluso sobre ti mismo sin que tú lo coartes. Por ejemplo, no hace falta que los acompañes en todas las pausas a tomar café. Dales aire a tus alumnos.

Escucha las intervenciones y el estado emocional del grupo, sé pertinente en tus propuestas. Ten paciencia, no te precipites a la hora de tomar una decisión o dar una respuesta a alguien. Acepta puntos de vista distintos a los tuyos. Inspira, que tus alumnos asuman sus objetivos como retos. Apoya. No reprendas a nadie delante de todos. No permitas que nadie reprenda ni ofenda a nadie. Acepta que los participantes se equivoquen. Anima a tus alumnos a que sean constantes en sus intentos, que perseveren y se superen. Muéstrate disponible, genera presencia en los demás. No lo digas todo, deja espacio a tus alumnos para que ellos contribuyan con sus aportaciones. Afronta los conflictos. No favorezcas a nadie por encima de nadie, cuida a todo el grupo.

Tamaño

Una variable a la hora de gestionar un grupo es considerar el impacto de su tamaño en el desarrollo de la formación.

Si trabajas con un grupo muy numeroso en formaciones presenciales o síncronas, probablemente será complicado que en una puesta en común puedan participar todos. Incluso en la actividad de presentación será muy infectivo que todos hablen comentando su nombre, para qué han venido, etc. Primero, porque si no se conocen será complicado que puedan recordar todos los detalles que comentan sus compañeros, y segundo, porque esta actividad se haría eterna.

En estos grupos numerosos es posible que todo vaya más despacio y que puedan surgir más dudas, debates, intervenciones... o que incluso resulte muy complicado o imposible hacer alguna actividad o dinámica. En estos contextos tendrás que trabajar dividiendo el grupo-clase en subgrupos y haciendo puestas en común globales. Aun así, la organización de los subgrupos, la explicación de las instrucciones, la gestión de la atención de los alumnos, la puesta en marcha de la actividad, etc., serán siempre más lentas y algo más complejas.

Por otro lado, un grupo numeroso es una fuente de experiencias variadas, y eso es una ventaja para la formación y sus participantes si sabemos sacarle partido.

En grupos reducidos el ritmo puede ser mayor, esto es, la formación resultará mucho más ágil incluso encontrándonos con distintos niveles en el aula. Hasta el desarrollo expositivo y la resolución de las actividades suele ser más rápida. Si el grupo es muy reducido (ocho personas o menos) es posible que tampoco se puedan llevar a cabo algunas actividades o dinámicas; tenlo en cuenta a la hora de programar.

Ahora bien, si se genera un buen clima de trabajo, puedes profundizar más en algunos contenidos, focalizarte en consolidar los aspectos importantes de la formación o incluso atender (casi de manera personalizada) las demandas que te hagan.

El gran reto: aprendizaje en varios niveles

Una de las circunstancias con la que más te puedes encontrar cuando impartes una formación a adultos es la de trabajar con un grupo en el que coexisten distintos niveles de conocimientos y desempeño en relación con la materia.

Puedes encontrarte en el mismo proceso con personas muy iniciadas, otras que empiezan de cero y otras con necesidades muy focalizadas en una parte específica del contenido. Bascular tu propuesta formativa a uno solo de estos subgrupos significará condenar al resto.

Me gustaría comentarte dos cosas en este sentido:

- Siendo esta una situación compleja, creo firmemente que es un reto absolutamente gestionable de forma exitosa, así que te animo a que lo asumas con ánimo y a que afines tu creatividad.

- La gente no es tonta. Suele conocer su nivel de partida. Aunque habrá personas con más autoconfianza que otras de cara a afrontar el proceso según el nivel de inicio que presenten, saben desde dónde parten y no ignoran su posición respecto al grupo. Esta toma de conciencia, al final, tiene efectos más positivos que negativos. Ser realistas en cuanto a los puntos de partida iniciales y considerarlos abiertamente (sin personalizar públicamente ni señalar a nadie) es un favor al alumno, al grupo y al proceso. Si se hace con respeto y naturalidad, la gente interpretará bien la situación. Quien más sabe normalmente no abusa del que menos sabe, todo lo contrario. Eso sí, quien menos sabe suele disculparse más y ser más susceptible a la frustración, algo que habrá que cuidar.

No hace falta que hables de manera expresa sobre la existencia de distintos niveles en la formación; simplemente regula tus exposiciones empleando un espectro variado de vocabulario e ilustraciones (que oscilen de lo más sencillo a lo más complejo para el grupo) y, sobre todo, articula bien las actividades porque serán la clave para que todo funcione.

El secreto está en utilizar una misma vía y generar dos velocidades. Todos vamos en la misma dirección, pero tenemos distintos niveles de recorrido. Hacemos la misma actividad, pero unos llegarán a un punto y otros a otro. En algún caso podremos ofrecer dos actividades distintas en el aula; si existe madurez en el grupo, se verá como una adaptación y no como una discriminación.

Eso sí, cualitativamente el esfuerzo de unos y otros tiene el mismo peso. No hay un solo éxito, sino que habrá tantos éxitos como alumnos tengas en clase. Es real, lo he vivido mil veces; se puede, se tolera, se aprecia y hace crecer.

Otra estrategia que funciona muy bien cuando hay un buen ambiente grupal y que puedes combinar con la anterior consiste en contar con los alumnos más avanzados para apoyar a otros compañeros. Por un lado, los más iniciados estarán consolidando lo que ya saben (el que enseña aprende dos veces) y se ponen en valor y, por otro lado, se favorecen la cooperación dentro del grupo y las actitudes de ayudar y dejarse ayudar.

Pero no es conveniente abusar de esta estrategia, ya que los alumnos ayudantes pueden terminar aburriéndose de su rol y de la formación o sentir que no están aprendiendo nada y que el proceso es una pérdida de tiempo.

Cuando el grupo es heterogéneo te resultará más efectivo enfocarte en desarrollar más las destrezas, habilidades y actitudes que los conceptos teóricos.

La gestión de los distintos niveles en entornos virtuales asíncronos es menos problemática ya que hay una gran parte del trabajo que es individual. En estos casos, cada alumno puede hacer su secuencia de actividades con las adaptaciones pertinentes y converger con el resto de los compañeros en determinadas actividades colectivas.

Esto funcionará mejor o peor según el contexto formativo, pues hay procesos que por su finalidad y características admiten más la individualidad, pero otros en los que corremos el riesgo de abortar la creación de una comunidad de aprendizaje y de segregar silenciosamente a los alumnos. Es necesario que en este sentido hagamos un ejercicio de equilibrio y cuidemos la cohesión grupal.

2. CLAVES PARA LA PUESTA EN MARCHA DE ACTIVIDADES

Crear la experiencia

Plantilla: Crear la experiencia

Si la secuencia de actividades que has diseñado sirve para estructurar el proceso formativo y la metodología la pone en marcha, lo que se hace en cada actividad es lo que llena de contenido la experiencia de aprendizaje.

Diseñar una actividad o dinámica permite que la formación sea vivida y requiere grandes dosis de foco, iniciativa y creatividad. A veces se tratará de crear una experiencia más intelectual y en otras de resolver algo tirando de destrezas o incluso de unas determinadas actitudes. Sea como sea, se aprende mejor lo que se hace y se experimenta.

La siguiente secuencia te resultará útil a la hora de diseñar tus actividades o dinámicas:

1. Lo primero, ten claro el propósito de la actividad: ¿qué objetivo de aprendizaje se pretende con ella?
2. Diseña una situación en la que las personas tengan que articular sus propios conocimientos, habilidades y actitudes para responder ante ella. A veces serán situaciones relacionadas directamente con los contenidos, en otras lo que proponemos aparentemente no tiene nada que ver con la temática de la formación, pero en un caso y otro llevaremos a las personas a experimentar sensaciones y competencias similares a las que aparecerían en un escenario real.
3. Tras la experiencia vivida, genera un espacio que permita tomar perspectiva e interpretar lo que se ha experimentado.
4. Ahora los conceptos tendrán el terreno preparado para que arraiguen bien. Las personas estarán en mejores condiciones de conectar las experiencias anteriores con los contenidos. Muéstrales el fundamento, los conceptos, la teoría, etc. que sustentan la experiencia vivida.
5. Por último, relaciona lo anterior con escenarios reales, situaciones, conflictos, dilemas que tengan que resolver, etc. ¿Cómo vais a utilizar lo que habéis experimentado y aprendido en esta actividad?

Habilidades generales

Puedes tener tu formación perfectamente diseñada y todos los medios y recursos preparados, pero si no explicas bien qué hay que hacer y eres impreciso a la hora de dar las instrucciones, tu trabajo se difuminará y tu propuesta perderá su impacto.

En este sentido, ten en cuenta una serie de habilidades que facilitarán la puesta en marcha de tus actividades:

Antes de:

- Todas las actividades tienen un propósito. Siempre tendrán que ver con uno de los contenidos que vas a dar o con abordar una situación específica que se esté dando en el grupo. Nada se hacer por hacer o por rellenar.
- Define qué esperas de esa actividad y cómo lo vas a medir.
- Considera si la actividad es adecuada para el grupo y si facilita la autoevaluación de los participantes.
- Evalúa si es rentable poner en marcha esa actividad, esto es: ¿se puede conseguir lo mismo por otra vía más eficiente? Opta siempre por la solución más sencilla y significativa para llegar al objetivo.
- Considera si dispones del aula o los espacios (físicos o virtuales) adecuados para llevarla a cabo.
- Se trate de contextos físicos o virtuales, revisa que todo lo que te haga falta está en tu mochila antes de salir de casa.

Durante:

- Ten disponibles todos los materiales que te hagan falta en el momento de ejecutar la actividad.

  Ojo, no descuides esto en las formaciones virtuales, sobre todo cuando estás interactuando por videoconferencia y vas a proponer alguna dinámica (salas virtuales abiertas, herramientas externas listas, aplicaciones abiertas, etc.).
- Antes de que los alumnos se pongan a trabajar, explica bien las instrucciones de lo que hay que hacer. Mi mantra es «primero lo explicamos y luego lo hacemos». Es importante focalizar bien la atención de los alumnos mientras comentamos las instrucciones y asegurarnos de que todo el mundo las ha entendido.

En contextos virtuales síncronos, prepara documentos breves con las instrucciones de la actividad. Tras explicarles verbalmente lo que hay que hacer, comparte este documento vía chat o correo electrónico.

- Informa a los alumnos de los recursos que necesitan y asegúrate de que realmente disponen de ellos.
- Avisa a los alumnos del tiempo del que disponen para hacer la actividad; les ayudará a ajustar sus ritmos de trabajo.

En formaciones *online* asíncronas, recuérdales las fechas de entrega, marca el ritmo y avisa individualmente a los alumnos que se retrasen. No esperes a que sea demasiado tarde para avisarlos y hazlo considerando el tiempo que necesitarán para remontar los trabajos pendientes.

- En formaciones presenciales o síncronas, acompaña al grupo mientras trabaja. Todo lo que haga y cómo será un *feedback* inmediato, no desaproveches esta oportunidad. Acércate a ellos, pasea o entra en las salas virtuales para ver qué están cocinando.
- Anímalos a que todos aporten, repartan bien las cargas y cooperen si estamos en una actividad grupal.

Tras la acción:

- En sesiones presenciales o síncronas, facilita la puesta en común de lo que se ha hecho, gestiona las intervenciones. Es importante que participen el máximo de alumnos y que se escuchen. Evita que el grupo se desvíe en exceso del objeto de la actividad.
- En la puesta en común pueden aparecer discrepancias y conflictos; te toca saber mediar y vivir estas situaciones con normalidad.
- Agradece siempre las aportaciones de los alumnos.
- Al final de una puesta en común, realiza una síntesis de los puntos más relevantes que hayan surgido.

Tras la actividad:

- Fomenta que los alumnos extraigan un aprendizaje y favorece su transferencia a contextos reales.

- Pregúntate en qué medida la actividad ha contribuido a la consecución de los objetivos o, dicho de otra forma: ¿qué resultados se han obtenido y qué efectos y sensaciones han quedado en los participantes?
- Considera posibles mejoras para la actividad si tuvieras que hacerla de nuevo.

Actividades individuales en formaciones presenciales o síncronas

- Evita la competición, pues puede ser un gran distractor, ya que estarán más pendiente de ganar o de no fallar que de aprender. Otra cosa es que quieras gamificar la actividad y meterles un poquito de acción en este sentido, algo que tendrás que contextualizar muy bien para que esta competición genere efectos saludables en todas las personas.
- Procura que todos empiecen al mismo tiempo. Hasta que no queden claras las instrucciones, no estén resueltas todas las dudas y todos tengan el material necesario, no comenzaremos.
- Es importante que estemos atentos a los posibles bloqueos y que apoyemos a quien nos reclama directamente o que detectemos que lo necesita (en este caso, siempre preguntaremos, no nos anticiparemos... no todos los alumnos tienen el mismo ritmo de aprendizaje).
- En las puestas en común de las actividades individuales procura que a la misma cuestión contesten varias personas; así veremos distintas perspectivas sobre el mismo planteamiento. Además, trata de que no siempre respondan las mismas personas.
- Refuerza al que da respuestas acertadas por su buena competencia y a quien da respuestas que no son correctas por su esfuerzo y participación.

Actividades grupales en formaciones presenciales o síncronas

- Recuerda que una actividad grupal siempre lleva más tiempo que otra individual, y que cuanto más grande sean los grupos de trabajo, más tiempo tendrás que dedicarle a la tarea.
- Estés en aulas físicas o virtuales, ojo con los espacios de trabajo, pues este tipo de actividades requieren los lugares adecuados y tienes que asegurarte de que estos te permiten llevar a cabo la actividad.
- Explica bien el objetivo de la actividad y el procedimiento, pero deja espacio a la creatividad de los alumnos e invita a que colaboren entre ellos y todos sean tenidos en cuenta.
- En aulas físicas, haz primero la distribución de los subgrupos y luego explica las instrucciones. Si lo haces al revés corres el peligro de que se genere cierto caos y no todos empiecen al mismo tiempo.
- En aulas virtuales, tras explicar la actividad a todo el grupo de aprendizaje, envíales algún documento con las instrucciones antes de pasarlos a las salas virtuales de subgrupos.
- Las actividades colectivas son las que mejores efectos producen a nivel relacional y las que mayores conflictos generan, así que ten precaución ante la posible colisión de roles.
- Pide a cada subgrupo, si es necesario, que deje un tiempo para trabajar y otro para preparar la exposición de lo que ha hecho; esto permitirá repartir los roles con antelación, poner en valor su trabajo de forma adecuada y prestar atención a otros subgrupos cuando estén exponiendo.

3. DINÁMICAS DE GRUPO

Vivir la experiencia

Las dinámicas de grupo son un tipo de actividad que genera una interacción en los miembros del grupo orientada a vivenciar una determinada situación.

En la mayoría de las ocasiones se trata de metáforas que le sirven al grupo y al alumno de espejo, aproximándose a cómo se comportarían en un escenario real. En otras, son un vehículo de activación de los participantes para producir una determinada acción (por ejemplo, presentarse, cambiar el ritmo de una sesión, abordar un problema, etc.).

Si bien con la dinámica de grupo se suelen recrear situaciones «de laboratorio», ficticias, el conjunto de relaciones, emociones y sensaciones que generan tiene un alto paralelismo con la vida real. Así, son un buen medio para trabajar contenidos actitudinales, emociones, sensaciones, reacciones, etc., en un entorno controlado.

Ahora bien, al tener un contenido activador muy alto y propiciar cierta descontextualización, la línea entre que el alumno perciba la dinámica de grupo como un mero «jueguecito» o una «actividad reveladora» es muy delgada. Y todo esto considerando y aceptando que algunas dinámicas de grupo tengan como objetivo principal destensar, descontextualizar al grupo de un tema, etc. Pero aun en estos casos, la dinámica debe encajar en la situación formativa con normalidad y sentido.

Gestión de la dinámica

- Es tan importante conocer el funcionamiento de la dinámica como los contenidos de la formación.
- Ten el objetivo de la dinámica siempre presente en tu cabeza, es tu brújula. No hace falta que lo expreses; de hecho, en la

mayoría de las dinámicas no nos interesa comentar qué es lo que queremos conseguir ya que las destriparíamos.

En muchas dinámicas se trata de jugar con el suspense, la sorpresa, el descubrimiento y el aprendizaje, así que lo adecuado es que los alumnos experimenten y descubran. Ahora bien, esto no quita que nosotros tengamos siempre presente la finalidad y el propósito de la dinámica para reconducir, si procede, su desarrollo.

- Es conveniente que previamente hayas evaluado las situaciones probables que se puedan derivar: un conflicto, un bloqueo, una desviación excesiva por parte de los participantes, etc.

- Asegúrate de tener todos los recursos que necesitas para la dinámica en el momento de ponerla en marcha.

- Durante el desarrollo, sigue el plan previsto y no alteres las reglas del juego en mitad de la partida. Tampoco fuerces las intervenciones de los alumnos para alterar el resultado de la dinámica. Si consideras necesario intervenir, busca el momento más adecuado y hazlo sutilmente.

- Utiliza a voluntarios y crea normas para que no siempre participen los mismos. Animamos a la participación, pero si alguien se niega a participar en una dinámica o una actividad, respetamos su postura y no forzamos a nadie.

- Invita a los alumnos a que sean honestos en su participación, respeten las reglas, no traten de engañar, no sobreactúen, etc., ya que esto nos impedirá sacarle todo el partido a la dinámica.

- Todas las personas participan, las que actúan y las que observan; todas juegan un papel necesario. Dales importancia a los que están fuera de la acción; posiblemente capten más detalles que los que están inmersos en ella.

- En la fase de explotación de la dinámica, esto es, el momento en el que toca interpretar y optimizar la experiencia, es necesario que los alumnos aterricen sus aprendizajes, que identifiquen con qué situaciones reales relacionan lo vivenciado y cómo aplicarán lo aprendido.

- Refuerza y agradece la participación, tanto a los que han asumido un papel más activo como a quienes han observado y han aportado sus conclusiones.

Participación en formaciones *online*

La participación y la colaboración entre los alumnos sigue siendo en este contexto un ingrediente que condimenta y facilita el aprendizaje. Colocar en una posición activa a una persona que asiste a una formación *online* estimulará su interés e incrementará su atención.

A nosotros, como facilitadores, la participación nos permitirá tomar el pulso al proceso, observar qué llega, cuál es el ánimo y dónde están las dificultades y los puntos fuertes de los participantes.

De esta forma, la formación *online* termina contribuyendo al desarrollo de las habilidades sociales en los entornos digitales, desempeñando un papel esencial en la humanización del proceso de digitalización que estamos viviendo.

Generar interrelaciones entre las personas para que grupalmente afronten una tarea o la creación de comunidades de aprendizaje contribuye al desarrollo de la inteligencia colectiva en contextos digitales.

La regla de oro para generar una formación activa y dinámica *online* está en crear una conversación continua con cada participante y con el grupo. Se trate de contextos síncronos o asíncronos, desde que arrancamos, interpelar a los participantes, recoger sus aportaciones y responderles es el vehículo que nos ayudará a mantener a las personas en un nivel de activación adecuada, ¡¡no caigas en el monólogo!!, ¡¡conversa!!

Eso sí, igual que ocurre con el resto de las formaciones, para generar una experiencia de aprendizaje efectiva tendremos que optar por el contenido mínimo y necesario que pueda ser consolidado, en el tiempo que tengamos y con los recursos de los que dispongamos. Recuerda que estamos diseñando un proceso formativo, no divulgativo. En una formación *online*, el exceso de contenido es mortal de necesidad.

Normalmente en una dinámica de grupo hacemos una de estas seis cosas:

* Reunirnos en grupo o subgrupos.
* Generar conversaciones.
* Pedir *feedback* a los participantes.
* Compartir aportaciones de forma colectiva.
* Trabajar colectivamente.
* Representar situaciones.

De lo que se trata ahora es de replicar estas acciones en el contexto digital. ¿Cómo podemos hacerlo? Estoy seguro de que ya se te han ocurrido unas cuantas maneras de hacer todo esto virtualmente. Podremos reunirnos de forma asíncrona en una plataforma de aprendizaje, en un documento en la nube, etc., o de forma síncrona en una aplicación de videoconferencia o también en un documento alojado en la nube, donde al mismo tiempo podremos trabajar de forma colectiva. Generamos conversaciones mediante foros, chats o aplicaciones telefónicas. Podremos pedir *feedback* a través de votaciones, encuestas rápidas o cuestionarios más o menos dinámicos. Facilitaremos que los alumnos puedan contribuir con sus aportaciones sobre lienzos y murales digitales. Incluso, por qué no, incluiremos elementos físicos al alcance de los alumnos para jugar con ellos y hacer que la experiencia traspase la pantalla.

Crea la experiencia, combina estratégicamente todos estos recursos, diséñala en tu cuaderno de trabajo y luego selecciona las herramientas que la harán posible. No priorices tecnología por encima de pedagogía. Enfócate, no te vuelvas loco con la cantidad de aplicaciones y recursos que tienes a tu disposición; elige la opción más sencilla y significativa. Aunque vayas probando nuevas herramientas, apóyate en la que más conoces e incrementa tu competencia de manera progresiva.

Por supuesto, ten en cuenta la competencia digital de tu alumnado. De nada sirve que diseñemos una formación muy dinámica si requiere unas herramientas inaccesibles o excesivamente complejas para los participantes. Claro que las personas también tendrán que arriesgarse y probar cosas nuevas (la formación contribuye de manera transversal al desarrollo de la competencia digital de las personas), pero tenemos que pulsar bien el perfil del grupo y no bloquear el proceso.

Gestión de foros y debates en línea

- Presenta el tema y deja claro el propósito de la discusión.
- Pon al alcance de los alumnos toda la información que precisan para participar.
- Mantén un tono amable y agradecido.
- Interpela a los alumnos, pregúntales para que maticen sus posiciones; incluso cuestiónalos con asertividad y amabilidad para que desarrollen sus argumentos.
- Mantén una posición abierta y crítica al mismo tiempo (cuando sea preciso): pondrá en valor las aportaciones de los participantes y estimulará la reflexión.
- Ilustra tus intervenciones con ejemplos prácticos, enlaces externos y experiencias propias.
- Relaciona respuestas de distintos participantes, conéctalas e invítalos a que se manifiesten respecto a lo que han escrito otros compañeros y compañeras.
- Reconduce los temas si se desvían del objetivo.
- Haz resúmenes de las intervenciones, sobre todo en debates extensos, para que se facilite su seguimiento y su puesta en valor.
- Apoya en privado a quienes lo necesiten porque se han quedado atascados, tienen dificultades de comunicación o precisan cualquier otra ayuda.
- Mantén fresco el debate contestando a tiempo. Si tu respuesta se demora, pierde vigencia y, además, no darás la mejor imagen.

Líneas estratégicas de este capítulo

- La formación de un grupo requiere la puesta en marcha de unas habilidades sociales que quizás no formen parte de los objetivos y contenidos del curso, pero que son necesarias para que se consigan.

- En los primeros momentos de la formación las personas estarán atentas a la dinámica de funcionamiento social que se va a adoptar. El facilitador es la persona referente en este sentido.

- Para trabajar la cohesión, favorece la toma de conciencia de intereses y necesidades comunes, la existencia de un objetivo común y compartido, unas normas de funcionamiento aceptadas y la responsabilidad del grupo con su propio aprendizaje; genera interacciones sanas y productivas y la aceptación recíproca.

- Tanto en formaciones presenciales como *online*, el tamaño del grupo influirá directamente en el ritmo de la formación y en el seguimiento que podamos hacer.

- En las formaciones en las que se den distintos niveles dentro de un mismo grupo, genera relaciones de apoyo y complementariedad.

- Antes de empezar una actividad ten claro en qué medida contribuye a la consecución de los objetivos, asegúrate de conocer su fundamento teórico y valora si tienes todos los recursos necesarios para ponerla en práctica.

- Explica las actividades de forma clara y secuenciada. Primero las explicamos y luego las hacemos. Pregunta si alguien tiene alguna duda de lo que hay que hacer antes de comenzar.

- Sigue el trabajo de los alumnos y da *feedback* para orientar su desempeño en la dirección adecuada.

- Las dinámicas de grupo generan un determinado tipo de interacciones en los miembros del grupo que permiten trabajar muy bien contenidos actitudinales, emociones, sensaciones, reacciones, etc.

- Antes de poner en práctica una dinámica de grupo es importante que conozcas su funcionamiento. Durante su desarrollo, respeta las instrucciones y las etapas de la dinámica. La parte más importante es su explotación, en la que se extraerán los aprendizajes.

13
UN BUEN FINAL

 OBJETIVO DEL CAPÍTULO: Cerrar el proceso formativo facilitando la toma de conciencia de sus efectos y resultados.

1. LA RESPUESTA ADECUADA

Sentido de la evaluación

La formación es un proceso de comunicación previamente diseñado, estructurado y flexible que busca respuestas en forma de comportamientos que representen la adquisición de una serie de conocimientos, habilidades y, en el mejor de los casos, de las actitudes adecuadas.

Tú eres quien lo ha diseñado y quien ha de generar esas respuestas en los alumnos con tus actividades y dinámicas. Y serán esas respuestas las que te indicarán si el proceso marcha bien, orientado a los objetivos, o tienes que incorporar alguna variación.

La evaluación es la respuesta que recibimos sobre la marcha del proceso. No es una calificación ni la llave a una acreditación; es mucho más que eso, es más humana, mucho más relacional. La evaluación no es un fin, sino un medio para alcanzar los objetivos.

Momentos de la evaluación

Que hablemos de la evaluación en uno de los últimos capítulos no quiere decir que tengamos que evaluar al final. De hecho, llevamos evaluando todo el tiempo. Nuestra evaluación ha sido continua.

Cuando tomamos contacto con la entidad y detectamos sus necesidades, estábamos evaluando; cuando propusimos a los alumnos la actividad de detección inicial de necesidades, también evaluamos. Y con cada respuesta y duda de nuestros alumnos, con cada actividad de consolidación y, por supuesto, con cada actividad orientada específicamente a detectar el grado de adquisición de los contenidos, también estábamos evaluando.

En cada uno de esos momentos estábamos provocando una respuesta, que era una referencia para saber por dónde teníamos que continuar. Y en cada momento la evaluación cumple una función:

- **Evaluación previa o de detección de necesidades.** Antes de empezar la formación, para identificar el propósito del proceso.
- **Evaluación inicial.** Al inicio de la formación, de cada módulo, de cada unidad, etc., con la idea de conocer desde dónde parten nuestros alumnos respecto a ese contenido.
- **Evaluación continua.** Permite generar el *feedback* necesario durante el proceso sobre la marcha de los participantes.
- **Evaluación final.** Sirve para ponderar la evaluación continua y formular un juicio global del grado de consecución del objetivo.
- **Evaluación diferida.** Se hace cuando pasa un tiempo tras la formación y permite detectar qué impacto ha tenido la experiencia de aprendizaje en el contexto real de las personas.

Evaluación por autoevaluación

En nuestro contexto formativo una evaluación sin autoevaluación es mucho menos que una evaluación a medias. Si ya es importante que un adulto participe activamente de su proceso formativo, que participe de su evaluación resulta crucial.

A veces la autoevaluación será intencionada y consciente, la generará el formador buscando momentos para ello; otras veces la provocará directamente el alumno, y la mayoría de las veces será un runrún que le ronde constantemente a la persona cuando piensa en su participación en la formación, en lo que está entendiendo, en lo que se le está escapando, en lo que está consiguiendo y en lo que le está costando.

La autoevaluación orienta a la persona sobre su propio desempeño y mejora el autoconcepto del alumno, pues le permite calibrar sus posibilidades y los recursos de los que dispone.

Cuando el contexto lo permita (o lo exija) y la madurez del grupo sea la adecuada, es muy enriquecedor que los alumnos se evalúen entre sí, que comenten cómo lo hacen, qué pueden mejorar y qué están haciendo bien. El aprendizaje en estos casos se incrementa, al igual que las actitudes de escucha, respeto y tolerancia, y las relaciones en el grupo se acaban fortaleciendo. El desarrollo de la madurez personal y social que se alcanza con este tipo de actividades es inigualable.

Posiblemente la mayoría de los alumnos y alumnas vengan con una concepción de la evaluación heredada de los sistemas educativos tradicionales e identifiquen la evaluación con el resultado y una buena nota con el objetivo del proceso formativo. Esto crea dinámicas que pueden terminar desplazando la atención del participante hacia dar la talla o certificarse en lugar de aprender y desarrollarse. Todo esto es legítimo, sí, pero no efectivo, ya que se desvía del propósito que pretendemos: generar aprendizajes. Cuanto antes transmitamos la filosofía de que la evaluación es un medio para alcanzar el objetivo y no un fin, mejor que mejor.

Informando de la evaluación

Evaluar es una forma de dar *feedback*, esto es, de responder de una determinada manera ante la conducta de alguien. La cuestión es que esta respuesta es de tipo personal y valorativo, así que deberías tener especial cuidado. Lo que para ti es un comentario adecuado, para la otra persona podría no serlo.

Observa a tu grupo y a tus alumnos. Sé empático, acepta que no todos somos iguales, que no todo el mundo tiene la misma idea sobre las cosas. Esto no es bueno ni malo; simplemente es así. Integrar esta idea cuanto antes nos da una ventaja a la hora de comunicarnos con los demás, y sobre todo a la hora de dar *feedback*.

Por cierto, más allá de los temores y precauciones que quieras adoptar cuando vayas a evaluar a alguien, recuerda que la mayor muestra de responsabilidad y respeto hacia alguien en este contexto es darle la información que necesita para que pueda seguir progresando, aunque a veces sea embarazoso por tratarse de valorar un resultado no adecuado. Además de empatizar, usa tu asertividad, cuida lo que dices y, sobre todo, cómo lo dices. Tus modos y maneras condicionarán el mensaje en la dirección que tú decidas.

En todo caso, a la hora de evaluar:

- Procura ser específico, pues si eres demasiado genérico el alumno se perderá y no sabrá qué tiene que cambiar, reforzar, mejorar, etc.
- Trata de ser descriptivo: describe qué se ha hecho y cómo se debería haber hecho; así la persona tendrá la información que necesita para mejorar sin sentir cuestionada su capacidad.
- Ten en cuenta las necesidades y el nivel de cada alumno para darle una respuesta constructiva.
- Busca el momento adecuado para dar tu evaluación y, sobre todo, procura que sea lo más inmediato posible a la conducta que estás evaluando.
- Tras la evaluación, comprueba si se ha entendido tu mensaje.

2. DISEÑANDO LA EVALUACIÓN

Pensar antes de evaluar

Para poder evaluar debemos tener claro qué queremos evaluar. Necesitas saber previamente: qué evaluar, cómo, cuándo y quiénes van a participar en cada evaluación.

No olvides que nuestra principal referencia a la hora de evaluar la conforman los objetivos formativos que se han formulado, pues de ellos sacamos los criterios de evaluación.

Los criterios de evaluación serán los indicadores que nos permitirán conocer el grado de consecución del objetivo. Facilitarán la evaluación que haga el docente y la propia autoevaluación del alumno.

Estos criterios son solo una referencia; una propuesta formativa tiene muchas más posibilidades de las que imaginamos cuando la estamos diseñando, así que no dejes fuera las variables significativas que acontezcan en el proceso.

Evaluar contenidos teóricos

¿Cuántas formas de preguntarle a un alumno sobre un contenido se te ocurren?

Cuestionarios de respuesta breve, textos incompletos, crucigramas, autodefinidos, juegos de palabras, pruebas de verdadero o falso, preguntas de selección múltiple o de correspondencia, ordenar una secuencia, desarrollo de mapas mentales, ensayos, elaboración de historias, exposiciones, o foros y debates... utiliza tu imaginación para llevar a la práctica cualquiera de estas opciones y las que se te ocurran de la forma en que se te ocurra.

Puedes optar por hacerlas de forma individual, en parejas o en grupos, en formato presencial o virtual, de manera síncrona o asíncrona. Elabora tú la prueba o utiliza algunas de las numerosas herramientas y aplicaciones que existen para esto. Utiliza tu creatividad para hacer significativas este tipo de pruebas.

Eso sí, ten en cuenta que este tipo de actividades se enfocan esencialmente en buscar que el alumno tome conciencia de los conceptos que va asimilando y en qué grado.

Evaluar destrezas y habilidades

A la hora de evaluar destrezas y habilidades lo mejor, sin duda, es la práctica: generar una situación que la persona tenga que resolver haciendo uso precisamente de sus habilidades.

Es necesario que pensemos previamente qué aspectos son los que vamos a observar. Los criterios de evaluación ayudarán a dirigir nuestra atención a lo importante. Te ayudarán a enfocar tu observación:

- Las escalas de calificación. En ellas puedes detallar la secuencia de acciones o las conductas que quieres observar en los alumnos y en qué medida las desarrollan. Pueden ser:

  - Numéricas: 1   2   3   4   5

  - Gráficas: nunca   raras veces   a veces   siempre

  - Descriptivas: nunca se...   raras veces se...   a veces se...

- Las escalas de cotejo. Permiten ir comparando lo que hace el alumno con lo que se espera que haga (lo hace/no lo hace).
- Las hojas de evaluación de prácticas. Consisten en una tabla de doble entrada en la que se relacionan las acciones que tienen que llevar a cabo y las actitudes con las que deberían desarrollarlas.
- Porfolios analógicos o virtuales. En ellos el alumno presenta evidencias de su trabajo y de la competencia alcanzada.

Evaluar actitudes

Posiblemente las actitudes constituyan la dimensión más compleja de observar y evaluar. Las actitudes son lo que convierte una realización profesional en mediocre o excelente.

También se trata de la evaluación sobre la que posiblemente te cueste más trabajo informar, ya que entramos en aspectos personales.

El principal recurso del que dispones para esto es tu propia capacidad de observación, y como venimos diciendo, previamente deberás tener claro qué quieres observar y en qué momentos.

Para ello, podemos generar situaciones en las que se pongan de manifiesto estas actitudes, o sencillamente podemos observar aspectos relevantes y significativos que ocurren en un momento puntual y que nos darán alguna pista de las actitudes que el alumno activa en su desempeño.

Todas estas observaciones las puedes recoger en anecdotarios, donde describes de forma objetiva lo que ha ocurrido sin entrar en valoraciones o juicios, o en diarios, en los que sí entrarás a valorar.

Para apoyar tu observación también podrás valerte de listas de control (que son como las listas de cotejo, pero referidas a las actitudes) y escalas de observación (son igual que las escalas de calificación, pero también referidas a las actitudes).

El uso de estas herramientas te facilitará que no se pierdan momentos relevantes. No confíes en tu memoria ni en que al final te acordarás de todo.

Además de la observación, puedes recoger información de forma directa a través de entrevistas y conversaciones con los alumnos, más o menos estructuradas según te interese. Pueden ser individuales o colectivas, y seguramente se tratará de momentos en los que las emociones se expresen con más facilidad.

También puedes hacer uso de cuestionarios, inventarios de actitudes o diferenciales semánticos (por ejemplo, marcar el punto en el que se encuentra en su ejecución: «Inseguro_____Seguro»).

3. EVALUACIÓN DEL DOCENTE

Un regalo para tu marca personal

Resulta necesario dar participación a los alumnos en nuestra evaluación. Es una manera de hacer una formación horizontal, participativa y flexible, y también una forma de poner en valor a nuestro alumnado.

Además, es la vía por la que obtenemos información directa sobre la huella que estamos dejando, sobre la percepción que tienen sobre nosotros y nuestro trabajo.

Eso sí, ten en cuenta que la mayoría de las veces conseguir una buena evaluación del docente es complicado. Por un lado, lo hayas hecho como lo hayas hecho, la gente tiende a agradar; por otro, puede haber personas que teman que nos puedan sancionar o que podamos perder el trabajo si nos dan una mala evaluación o hacen algún comentario negativo sobre nuestro desempeño. E incluso puede ocurrir que a lo largo del proceso se haya generado una relación de aprecio y tus alumnos quieran mostrártelo en la evaluación.

Por ello, es conveniente que cuando diseñes tu evaluación, por escrito, verbalmente, individual o en grupo, realices preguntas concretas dirigidas a especificar los aspectos positivos y negativos que han percibido sobre ti para que estas sugerencias se conviertan en nuevas acciones de mejora en el siguiente proceso.

Evaluación de la formación

No hace falta que preguntes por todo lo que te voy a relacionar a continuación todas las veces que desarrolles una formación. Tú decidirás qué es pertinente y qué no en cada contexto. Aquí van algunas ideas sobre las que estructurar tu evaluación:

*   Pregunta a los alumnos si consideran que los objetivos planteados en la formación se ajustaban a sus necesidades, si eran

realistas y si creen que se han adaptado a la realidad del grupo sin perder rigor.

- Indaga en qué medida la formación ha respondido a sus expectativas; pídeles que argumenten sus respuestas.
- Indaga si los contenidos les han parecido adecuados y ajustados al objetivo y al nivel del grupo y si estaban bien secuenciados o estructurados.
- Deja que se expresen respecto a la metodología que has usado y que reflexionen si consideran que ha sido adecuada. Trata de determinar qué ha funcionado y qué no de tu propuesta formativa.
- Pregúntales por la temporalización: si creen que se le ha dedicado el tiempo necesario a cada cosa, si el ritmo y la carga de trabajo han sido los adecuados y qué propuestas tendrían en este sentido.
- Sobre los materiales que hayas elaborado, entregado o puesto a su disposición, averigua si creen que han sido pertinentes y útiles y si eran fáciles de interpretar.
- Invítalos a que evalúen tu claridad expositiva a la hora de desarrollar los contenidos y de explicar las instrucciones (este aspecto es importante) y pregúntales en qué creen que debes mejorar. Da igual que estemos en una formación presencial o en línea, síncrona o asíncrona.
- Déjales espacio para se expresen libremente para que te den su percepción sobre tu desempeño global: cómo te han visto, cómo definirían tu manera de interactuar con los alumnos y de dirigirte a ellos, tu nivel de disponibilidad y tu capacidad de reconducir los temas y de gestionar un grupo. Pregúntales qué te falta para ser más efectivo en todo esto.
- Pregúntales directamente qué cambiarían en la formación.
- Y, sin lugar a duda, pregúntales qué han aprendido, cómo lo van a aplicar (que sean concretos) y cómo valoran esta experiencia.

Sobre la forma de hacer esta evaluación, dependerá de cómo haya sido la formación y de lo que haya ocurrido en ella. Habrá veces en las que tengas poco margen y recurras a algunas preguntas abiertas al final de la sesión; en otras decidirás pasar un cuestionario individual breve o más extenso si la ocasión lo requiere.

En muchas ocasiones será tu cliente (la entidad promotora de la formación) quien pase una evaluación de este tipo o similar a los participantes. En el mejor de los casos, te informarán de ella, pero en otros no tendrás noticia. Por ello, además de esta evaluación que la entidad vaya a hacer, es recomendable que pases tú la tuya y que les indiques a los alumnos que esa evaluación es para ti y el uso que le vas a dar.

Plantillas: Evaluación de la formación presencial y evaluación de la formación *online*

4. LA ÚLTIMA SESIÓN

Se huele el final

...Todo tiene su final.

Habrás recorrido un largo camino desde que recibiste el encargo de impartir la formación hasta que finalmente termina. Y da igual que haya sido presencial o en línea, de varias semanas, un solo día o unas pocas horas; no importa porque del mismo modo habrás tenido que trabajar intensamente, habrás tenido que escuchar atentamente el encargo inicial e identificar las necesidades, darle forma de objetivos, extraer los contenidos y diseñar la mejor sesión posible. Luego habrás conocido a los alumnos y habrás viajado con ellos con tus actividades y haciendo real tu propuesta, descubriendo aprendizajes e incluso situaciones que no te esperabas. Recuerda: quien enseña aprende dos veces.

En formaciones cortas la experiencia suele ser más intensa y condensada. Si la formación es de un día o unas horas, cuando se aproxime el final se notará en el ambiente. Los alumnos se mueven más, algunos empiezan a estar más pendientes de sus teléfonos y relojes y otros comenzarán a recoger o querrán hacerlo. La sesión se acaba y la atención deja de estar en el aula.

Si la formación ha durado varios días, semanas o incluso meses, la fase final también se resiente. Para algunas personas la formación habrá sido una experiencia positiva, pero probablemente ya estén cansadas. Por muy bien que haya ido todo, tienen ganas de dedicar ese tiempo a otras cosas, incluso a aplicar lo que han aprendido. Habrá quienes sientan cierto apego a la formación, cierta forma de nostalgia anticipada, y, cómo no, quienes sientan cierto alivio.

Todas estas emociones se harán más evidentes cuanto más larga e intensa haya sido la formación y cuantos más lazos y relaciones se hayan forjado dentro de ella. Incluso en formaciones cortas en las que las personas han convivido durante esos días y han estado descontextualizadas de sus entornos personales y profesionales, probablemente el sentimiento de grupo haya calado más y el final se perciba con cierta excitación (positiva o negativa).

En todos los casos, no es extraño que el nivel de conflictividad y susceptibilidad personal pueda aumentar al final, que se alternen momentos de despiste colectivo con momentos de alta efectividad.

En formaciones *online* suele ocurrir algo parecido: la gente quiere terminar y entregar, y es posible que detectes participaciones más cortas y actividades menos desarrolladas.

Rematar la jugada

Como criterio general, no llegues al último momento con prisas ni de forma acelerada, pues el mensaje de la formación corre peligro de quedar difuminado. Por muchas cosas que digas y cuentes, la atención de la mayoría (por no decir de todos) estará ya bajo mínimos.

No dejes aspectos clave para el final de una formación, no tiene sentido. Si son puntos importantes, por muy breves que sean, no habrá margen para su adecuado desarrollo, su consolidación y la resolución de dudas.

Deja todo cerrado, no dejes ningún contenido abierto, y entrega lo que tengas que entregar a los alumnos o deja abiertos los medios necesarios para que puedan acceder a los materiales que hayas decidido poner a su disposición de manera virtual. Asegúrate de que todos hayan tomado nota de cómo acceder a ellos.

De forma más específica, en formaciones cortas presenciales y *online* síncronas, de pocas horas o pocos días, con un nivel de intensidad moderado, en todos los sentidos, en el último momento:

- Desarrolla una síntesis breve de todo lo que ha sido la formación.
- Si procede y lo ves conveniente, pásales la evaluación sobre la marcha del curso que hayas elaborado adaptada a este contexto. Si la entidad te ha encargado que les pases una evaluación del curso, también es el momento.
- Si te queda algún material por entregar, hazlo ahora.
- Pregúntales qué se llevan de la formación, qué es lo que más les ha resonado y cómo y cuándo van a aplicar lo aprendido.
- Indaga si el grupo mantendrá algún tipo de red de ayuda o apoyo y, si no es así, sugiéreles esta idea.
- Agradece el tiempo y el esfuerzo invertido y todo lo que han aportado a la experiencia.
- Muéstrate disponible y facilita los medios por los que pueden ponerse en contacto contigo si lo necesitan.

En formaciones largas presenciales, en las que has estado varias semanas o meses trabajando con un grupo, o incluso en formaciones más cortas pero que hayan tenido un nivel de intensidad emocional alto, en la última sesión:

- Desarrolla una síntesis de todos los contenidos, breve, fresca y que repase los puntos claves.
- ¿Recuerdas la actividad de detección de necesidades que hicimos al principio? Bien, pues repítela en este momento. Si optaste por hacerla con un cuestionario, vuélveles a pasar el mismo cuestionario, y luego, cuando todos hayan terminado, entrégales el que hicieron al principio.

Serán ellos mismos los que comprueben su antes y su después... quizás sus respuestas sean similares, pero ¿serán las sensaciones las mismas?, ¿contestarán con la misma seguridad y el mismo tono emocional?

- Una vez contextualizado el momento final, pasa la evaluación sobre la marcha del curso de manera individual. Avísales de que esa evaluación es para ti y no para la entidad.

  Si la entidad te ha encargado que les pases su evaluación de la formación, este también es el momento. Si esta evaluación es un mero trámite administrativo, no te aportará mucho, pero si está bien confeccionada, lo mismo tienes la posibilidad de hablar con la persona que gestiona el curso para que te permita conocer sus resultados y no duplicar tu evaluación con esta.

- Ahora, reúne a tus alumnos, pues es el momento para que evalúen el curso de manera colectiva. Déjalos hablar primero, ayúdalos con alguna pregunta: ¿qué has aprendido en este curso?, ¿qué te llevas? y ¿cómo ha sido tu experiencia en el grupo? Puede ser un momento muy emocional o no; de todas formas, es conveniente que sean los alumnos los que con sus aportaciones mantengan una conversación que les permita expresarse en todos los sentidos sobre la formación.

- Indaga, si no lo sabes ya, si el grupo mantendrá algún tipo de red de ayuda o apoyo; si no es así, sugiéreles esta idea.

- Cuando todos han compartido su experiencia, comparte tú la tuya. Cómo ha sido trabajar con ellos, qué has aprendido, qué te llevas y qué te han aportado.

- Tras tu testimonio, entrega los materiales que queden por dar y facilita los medios para que puedan conseguir los que hayas decidido poner a su disposición de forma digital y diferida.

- Si tienes que informar sobre alguna evaluación, individual o colectiva, ahora es el tiempo de hacerlo.

- Agradece. Agradece su tiempo, su participación en las actividades y su disponibilidad. Agradéceles su esfuerzo y toda la experiencia que han generado.

- Muéstrate disponible y facilita los medios por los que pueden ponerse en contacto contigo si lo necesitan.

- Pregúntales qué van a hacer mañana.

En formaciones *online* asíncronas, en las hemos tenido un calendario de varios días, no cierres la formación justo el último día ya que si lo haces así puede que los alumnos no tengan la posibilidad de recoger el último *feedback,* despedirse o evaluar, sobre todo si cierran la plataforma. Además, tras el último día oficial de curso, las personas suelen acceder menos y de forma más irregular al entorno virtual de aprendizaje.

Así, en los últimos momentos de esta formación y con el margen suficiente:

- Haz una síntesis con las ideas-fuerza de la formación. Será una síntesis general que llevarás a cabo por videoconferencia, vídeo, foro, presentación o el canal que estimes adecuado.
- Recuerda el calendario final: los días que quedan para entregar actividades, las posibles prórrogas, el cierre de la plataforma, la caducidad del acceso a ella, etc.
- Informa del tiempo en el que tendrán acceso a los materiales y cuáles se pueden descargar, si no lo han hecho ya.
- Recuérdales formas de contactar contigo externas a la plataforma.
- Informa de cuándo tendrán disponible su evaluación (y cumple tu palabra).
- Indaga, si no lo sabes ya, si el grupo mantendrá algún tipo de red de ayuda o apoyo; si no es así, sugiéreles esta idea.
- Déjales una despedida personalizada, en la que de manera honesta te dirijas al grupo y le compartas qué ha significado para ti trabajar con él, preferiblemente en vídeo.
- Abre una actividad de evaluación de la formación, en la que los participantes de manera individual puedan valorar el proceso y todos sus elementos.
- Abre un foro de despedida, en el que los alumnos puedan hacer una evaluación abierta y compartida.
- Participa de las redes que pudieran crearse tras la experiencia formativa.

Líneas estratégicas de este capítulo

- La evaluación es el medio por el que las personas participantes en una formación toman conciencia del punto de partida, de la marcha del proceso, de lo que consiguen y de cómo se sienten al respecto. La evaluación permite conocer el grado de consecución de los objetivos formativos.

- La autoevaluación favorece la responsabilidad, el autoconcepto y la capacidad de respuesta del alumno.

- A la hora de dar una evaluación, procura ser específico y descriptivo, centrarte en lo que el alumno pueda cambiar y comprueba que el alumno ha entendido tu mensaje. Busca siempre el momento adecuado.

- Antes de evaluar piensa qué quieres evaluar; apóyate en los criterios de evaluación.

- Decide cuál es el tipo de instrumento más adecuado para evaluar los conocimientos, habilidades y actitudes de tu proceso formativo.

- La evaluación del docente es el camino a su mejora continua.

- Ojo, todo en formación es evaluable: metodología, materiales, entornos, recursos, accesos, formador, alumno, calendario, etc.

- Prepara bien el cierre de la formación y ajústalo a la realidad del proceso: formaciones cortas, largas, *online*, etc.

- Mantén la conexión con el grupo de aprendizaje tras la formación.

CUARTA PARTE

AHORA EMPIEZA TODO

14
LA HUELLA QUE QUEDA

 OBJETIVO DEL CAPÍTULO: Poner en valor el impacto del proceso formativo en el tiempo y la transferencia de aprendizaje generada.

1. RESULTADOS DE LA FORMACIÓN

El final es el comienzo

Como te decía al principio, es ahora cuando empieza todo. La experiencia formativa podrá haber sido más o menos agradable, más o menos interesante, pero si no genera aprendizaje, habrá sido una formación hueca, vacía.

El aprendizaje se da cuando lo que hemos visto en el proceso formativo se replica en la realidad de manera automática, cuando se integra en el repertorio de conductas y soluciones del alumnado. Todo ello ocurre fuera del aula, una vez finalizada la formación. Nosotros, facilitadores del aprendizaje, habremos hecho todo lo posible para que esto ocurra en el futuro.

Resultaría un acto de soberbia pensar que el aprendizaje de alguien depende finalmente de nosotros, como también resultaría una irresponsabilidad (y en algunos casos una imprudencia) ignorar nuestro impacto en las personas cuando estamos liderando un proceso formativo.

Trabajamos conscientes de que probablemente no veamos los resultados finales de la formación, de que la formación es un medio, no un fin.

Deja que tus alumnos y alumnas acierten, descubran, se equivoquen y aprendan de sus errores. Facilita que se levanten solos, que busquen recursos y otros enfoques. Apoya todos esos procesos, absolutamente necesarios para el aprendizaje.

Para los alumnos, cuando termine la formación será cuando empiece todo.

Es importante que permanezcas alerta, aunque haya terminado el proceso, ya que los días y semanas posteriores puede que te llegue alguna comunicación de los alumnos.

Pueden formularte dudas que hayan quedado sin resolver u otras que hayan aparecido posteriormente, o cuestiones que surjan a la hora de tratar de llevar a la práctica los contenidos de la formación. Estar disponibles para apoyar en la resolución de estos problemas tiene un gran valor para la persona.

Por otro lado, además de las dudas de fondo, también te pueden llegar otras relacionadas con cuestiones transversales. Por ejemplo, cómo profundizar en la materia, qué libros son recomendables, qué formación complementaria pueden hacer, o incluso qué pasos habrían de dar para dedicarse profesionalmente a la materia que has expuesto. También pueden comentarte aspectos personales relacionados con las dificultades o los conflictos que se encuentran en su desarrollo profesional, en su puesto de trabajo o incluso en su acceso al mercado laboral.

Un formador 5.0 es accesible cuando termina el proceso formativo porque sabe que el proceso de aprendizaje continúa. Es algo que no te van a pagar, salvo que te contraten el seguimiento de la formación (que es algo que no suele ocurrir, por no decir que no ocurre nunca), pero representa una de las cosas que marca la diferencia. Si estás pensando que tu trabajo ha terminado cuando termina la impartición de la formación, estás en lo cierto. En cambio, si crees que debes mantenerte operativo cuando la formación finaliza, también estás en lo cierto. Tú decides.

Tras la formación

Como ya te he comentado, es bastante probable que no llegues a conocer los resultados de la formación, lo que no quiere decir que te debas desentender por completo de ellos.

Algunas instituciones, entidades u organizaciones pueden hacer una evaluación diferida (la que se lleva a cabo transcurrido un tiempo de la finalización de la formación) precisamente con el objetivo de medir el impacto del proceso. Es una pena que no siempre nos llegue esta información, ya que resulta clave para el desarrollo y la mejora de nuestro desempeño y una ventana privilegiada desde la que observar la realidad de la huella que dejamos.

Si conoces que este tipo de evaluación se va a llevar a cabo y puedes pedir que te informen sobre ella, sería genial que lo hicieras.

Por supuesto, la fiabilidad y la validez de esta evaluación dependerán de muchos factores externos a ti (los instrumentos que se han utilizado en esta evaluación, si se han utilizado bien, quiénes han respondido, en qué condiciones, etc.) y la evaluación nunca podrá reflejar tu impacto en términos absolutos, pero puede ser un buen indicio del efecto de tu trabajo.

Si tienes la opción de participar activamente en este tipo de evaluación diferida o mantienes el contacto con algunos alumnos y la quieres hacer por tu cuenta, puedes focalizar tu atención sobre algunos de estos puntos:

- Indaga qué hace el alumno ahora diferente a lo que hacía antes. Probablemente no haya habido una transformación radical (o sí), pero lo normal es que existan ciertos matices que te resulten muy reveladores; identifícalos.
- Pregunta por situaciones concretas y específicas que te informen del grado de penetración de la formación, problemas que han desaparecido, los que continúan, conflictos que se mantienen, nuevas soluciones, mejora de algún proceso, etc.
- En algunas formaciones puedes indagar sobre el grado de incorporación al mercado laboral y si esta incorporación se relaciona con la formación.
- Indaga si la formación ha sido rentable para la empresa o entidad, si le mereció la pena la inversión.
- También puedes observar el impacto de la formación atendiendo a factores como el incremento del número de iniciativas por parte del alumno en el trabajo, el número de personas que han promocionado o buscan promocionar en la organización, la mejora de la productividad personal, etc.
- Pregunta por la obtención de alguna cualificación o certificación.
- Indaga incluso qué han hecho los participantes para incorporar los aprendizajes, o si no han hecho nada.

2. EFECTOS DE LA FORMACIÓN

Somos permeables

La experiencia de aprendizaje incluye muchos más aspectos que los meramente formativos. Cuando propones una actividad, un debate o un trabajo colaborativo, no solo se está trabajando la materia; al mismo tiempo, las personas se relacionan, activan su autodisciplina, se organizan y gestionan, proponen y aceptan, tienen que escucharse, coordinarse, etc.

Todos estos aspectos también forman parte de la formación y tienen su impacto a nivel profesional y personal. Somos permeables y no podemos abstraernos selectivamente de estas variables que forman parte de un proceso complejo e integral.

Mientras que los resultados son los aspectos tangibles del proceso (solución de un problema, implementación de una nueva estrategia, introducción de mejoras en el desempeño, etc.), los efectos son los intangibles (mejora del clima laboral, incremento de la autoestima, mejora de las relaciones, etc.).

Algunos efectos de los procesos formativos pueden ser:

- Incremento del grado de seguridad en sí mismas de las personas en su desempeño y aumento de confianza, autoestima, etc.
- Generación de redes de apoyo entre los compañeros, grupos de ayuda, etc.
- Desarrollo de habilidades sociales.
- Desarrollo de competencias transversales (competencia digital, trabajo en equipo, etc.).
- Reactivación de la actividad académica de alguna persona.
- Demanda de los participantes de más formación.

Son aspectos que, sin responder directamente al objetivo de la formación, resultan consecuencia positiva de esta y que aportan un importante valor añadido a nuestro trabajo.

Los efectos multiplican los resultados

Alcanzar los objetivos de la programación formativa no es igual que alcanzar los objetivos de la formación.

En el primer caso has conseguido que tu propuesta formativa se lleve al aula, has expuesto los contenidos que tenías previsto y has desarrollado tu estructura y todas las actividades que tenías preparadas, lo que no significa necesariamente que tus alumnos hayan integrado todos estos contenidos.

En el segundo caso, los alumnos han sido protagonistas de la formación, lo que habrá implicado que la programación se habrá adaptado a ellos y no al contrario y que el proceso habrá generado una comunicación efectiva. Si hemos sido rigurosos (docentes y alumnos), se habrá generado un contexto adecuado de aprendizaje y los participantes estarán en mejor disposición para consolidarlo fuera del aula.

Desarrollar una formación de forma fría y despersonalizada, enfocada en los objetivos de la programación formativa, podría convertirse en el mejor de los casos en una acción informativa o divulgativa, pero difícilmente generará una disposición de apertura en los participantes.

Ahora bien, centrarnos únicamente en los efectos, en la parte más emocional y relacional del proceso, olvidándonos del objetivo formativo, es otra forma de descapitalizarlo. Los alumnos terminarán perdiendo el sentido de lo que hacen, carecerán de referencias para poder continuar e incluso se cansarán de quererse tanto.

La solución es sencilla: haz lo que tengas que hacer. Solo eso. Cumple el encargo bajo los principios de horizontalidad, flexibilidad y participación, y tanto los efectos como los resultados surgirán solos, sin forzar nada, que es cuando son realmente valiosos y efectivos.

Los efectos multiplicarán los resultados, posibilitarán una mejor consolidación de los contenidos y convertirán la formación una experiencia única, irrepetible y memorable.

Haz lo que tengas que hacer, con humanidad y rigor. Funciona.

3. UN PUNTO FINAL PROFESIONAL

Plantilla: Guía para hacer un informe final

Puede que te lo pidan o puede que no te lo pidan. En un caso u otro, marca la diferencia entregar un informe de lo que ha sido la formación, salvo que realmente sea improcedente (por ejemplo, si eres un formador que colabora regularmente con la misma entidad impartiendo la misma formación, este tipo de informes, además de terminar siendo repetitivos, no aportarán nada e incrementarán innecesariamente la burocracia y tu carga de trabajo).

Si una entidad te solicita un informe final y te proporciona algún índice o plantilla (por, según dice, «temas de calidad»), te ajustas a ello, le das tu toque en la redacción, eres riguroso con los requerimientos que te hagan, y listo.

En el caso de que no te lo pidan y creas conveniente cerrar la formación de manera formal, dándole significación al proceso y aportando un valor añadido al cliente, elaborar un informe o memoria de la formación será un punto final a tu favor.

Te presento a continuación algunos aspectos que debes tener en cuenta a la hora de redactar tu informe:

- Brevedad. Un informe bien elaborado que ocupe un folio o dos y que aporte información relevante es mucho más efectivo que una memoria de veinte páginas.
- Identifica la acción formativa de la que se trata y personaliza el informe en cuanto al fondo y la forma.
- Especifica las necesidades que te sirvieron de referencia para formular el objetivo formativo, así como los contenidos principales que lo desarrollaron.
- Comenta las necesidades que detectaste en el aula y si consideraste alguna modificación de los contenidos o de las actividades en este sentido.
- Haz referencia al grupo, sus características generales y su disposición inicial ante la formación.
- Habla de la metodología que usaste y relaciónala brevemente con el objetivo de la formación, los contenidos y el grupo de alumnos con el que trabajaste.
- Expón los criterios de evaluación y valora de forma colectiva su grado de consecución.
- Habla, si procede, de las diferencias que has detectado en los alumnos al finalizar el proceso en contraste con la posición que presentaban al inicio.
- Si has detectado alguna necesidad formativa, informa de ella y propón alguna acción que sirva para satisfacerla (sea otra acción formativa, algún tipo de intervención colectiva o un proceso de acompañamiento individual).
- Agradece que hayan contado contigo para esta formación.

4. LO QUE QUEDA EN NOSOTROS

Muchas veces pienso que las personas que impartimos formación nunca seremos realmente conscientes de lo que queda en nosotros de cada proceso. Personal y profesionalmente.

Es algo intangible. Real. Humano. Personal. Social.

Hemos tenido que emplearnos a fondo y afinar nuestra capacidad de observación y escucha e identificar necesidades y posibilidades. Hemos tenido que activar nuestra creatividad y tomar decisiones, desde el inicio hasta el final del proceso. Hemos creado una propuesta formativa, la hemos imaginado antes de ponerla en práctica, hemos interactuado con los alumnos antes de conocerlos y hemos visualizado la secuencia de acciones antes de ponerla en marcha.

Nos hemos puesto delante de un grupo de personas y hemos dispuesto de su tiempo y de su energía. Nos hemos puesto a su servicio. Nos han mejorado la comunicación, porque nos han obligado a ser entendibles, a matizar, a expresarnos de la mejor manera.

Posiblemente nos hayamos enfrentado con algunos de nuestros miedos, afrontándolos en forma de desafío, gestionándolos desde el trabajo y la dedicación a los demás.

Nos han formulado dudas y dilemas, que han hecho trabajar a nuestras neuronas, activando nuestros conocimientos y nuestros aprendizajes y, de nuevo, nuestra creatividad.

Hemos gestionado relaciones y las hemos orientado hacia un objetivo, con humanidad. Hemos empatizado, hemos sido asertivos y hemos evaluado. Con honestidad y respeto.

Hemos tenido la fortuna de contribuir al proceso de aprendizaje de un grupo y de todas las personas que lo conforman y de participar en su desarrollo personal y profesional (porque es imposible separar lo uno de lo otro).

Y de todo esto, ¿qué nos queda?

¿Me lo dices tú?

Líneas estratégicas de este capítulo

⊂◯ El aprendizaje se da cuando todo lo que hemos visto en el proceso formativo se replica en la realidad de manera automática e integrada en forma de soluciones, conductas y actitudes en el alumnado.

⊂◯ Un formador 5.0 es accesible cuando termina el proceso formativo porque sabe que el proceso de aprendizaje continúa.

⊂◯ Participa o promueve una evaluación diferida que te permita conocer el impacto que ha tenido el proceso formativo en el tiempo.

⊂◯ Valora y considera también los efectos de la formación, esto es, qué aspectos transversales que no pertenecían al objetivo de la formación ha terminado por incorporar el alumno.

⊂◯ Puede que te lo pidan o no, pero terminar tu trabajo con un informe de la formación favorece tu marca personal docente.

⊂◯ Pon en valor tu experiencia como docente durante todo el proceso extrayendo sus aprendizajes, disfrutándolos y volcándolos en experiencias futuras.

15
¿LO RECUERDAS?

OBJETIVO DEL CAPÍTULO: Consolidar las claves esenciales para el diseño, la facilitación y la evaluación de una experiencia de aprendizaje positiva y memorable.

¡Vaya viaje!

Estoy seguro de que te habrá merecido la pena. Merece la pena.

1. FACILITANDO EL CAMBIO

Empezamos tomando conciencia de la importancia del conocimiento en nuestra sociedad y de la poca vida útil que tiene, de lo rápido que caduca y de la necesidad de irlo renovando de forma continua a través del aprendizaje continuo.

Ser facilitadores de experiencias de aprendizaje nos posiciona estratégicamente como agentes del cambio. Podrás conocer la técnica y el método para ello, pero será tu manera de hacer las cosas lo que marque la diferencia.

2. IDENTIDAD DOCENTE

Conocernos nos permitirá gestionar nuestros recursos.

Gestionar lo que tenemos en el cráneo, en el estómago y en el corazón. Nuestros conocimientos y aptitudes, nuestras habilidades para regular y conducir a personas y grupos, amando lo que hacemos, respetando a las personas que entregarán su tiempo y sus energías para afrontar las actividades que les propongamos.

Busca tus referencias, identifica tus valores. Activa tu propuesta de valor docente.

3. ¿POR DÓNDE EMPIEZO?

Empieza por conocer el contexto de la formación: quién te llama, para qué te llaman y, sobre todo, qué prioridad de necesidades tienen abiertas.

Determina las condiciones de contorno de la formación: número de participantes, modalidad, dónde, cómo, con qué, cuándo y en qué condiciones vas a desempeñar tu trabajo.

4. LOS OBJETIVOS

Convierte las necesidades en objetivos formativos.

Recuerda que los objetivos reflejan la competencia que tendrá el alumno tras la experiencia de aprendizaje y en ellos recogemos los conocimientos, habilidades y actitudes que configurarán su buen desempeño.

De los objetivos te resultará sencillo extraer los criterios de evaluación, enunciados operativos que te servirán como referencia para medir su consecución.

5. LOS CONTENIDOS

Los objetivos te revelarán los contenidos necesarios del proceso de aprendizaje.

Chequea los contenidos: ¿son útiles? ¿Para qué sirven? Pregúntate si con ellos puedes construir los peldaños que necesitas para llegar a la meta. Enfócate en los necesarios y suficientes.

Elabora tu hoja de ruta con los objetivos, módulos y unidades didácticas. Ya tienes la estructura de la formación.

6. LA SECUENCIA

Con la estructura determinada, toca pensar en las actividades.

Los diferentes tipos de actividades te servirán para diseñar las secuencias de acciones que conformarán la experiencia de aprendizaje.

Genera con ellas un relato coherente, una experiencia con sentido.

7. ¿CÓMO LO HAGO?

Las actividades las llevarás a la práctica valiéndote de distintos métodos. Una metodología variada hace la experiencia más efectiva y atractiva.

Ten siempre a mano los métodos clásicos y juega con metodologías más inmersivas y activas. Indaga, dale con ellas el volante al grupo y confía en su talento para generar aprendizajes.

Elige el método más adecuado al objetivo/contenido/grupo/contexto.

No te olvides de todo lo que te hace falta para poner en pie las actividades, tus recursos y materiales. ¿Los tienes a tu alcance? ¿Los tienes que elaborar, localizar, etc.?

Diseña un buen entorno personal de aprendizaje, donde puedas ir recogiendo los conocimientos y recursos que encontrarás, compartirás y generarás y que refleje tu manera de aprender. Cuida tu red personal de aprendizaje, pues será sin duda una de las fuentes más valiosas de conexión y crecimiento.

8. UNA CUESTIÓN DE TIEMPO

A la hora de temporalizar, primero pasa las fechas al calendario, fijando el inicio, el final y los días efectivos de trabajo.

Luego, distribuye los módulos en este tiempo y, por último y de forma progresiva, determina la duración de cada secuencia de actividades.

9. EL DOCUMENTO DE DESARROLLO

En el documento de desarrollo, que siempre tendrás a mano, podrás ver en cada momento y de un vistazo la secuencia de actividades en la que estás trabajando.

Además, este documento te permitirá localizar en qué actividad te encuentras y qué recursos y materiales requieren, si vas en tiempo o si tienes algún desajuste conforme a la previsión que hiciste.

10. UN BUEN COMIENZO

Ya en el inicio, cuida el entorno. Da igual que estés en un entorno físico o virtual; cuídalo para que los participantes encuentren el mejor contexto donde desarrollar su proceso de aprendizaje.

Genera las mejores condiciones, diseña un buen arranque.

11. UN BUEN DESARROLLO

Asume tu liderazgo docente facilitando una experiencia de aprendizaje que active a las personas con tu propuesta formativa.

Apóyate en las estrategias que te permiten desarrollar tu actuación docente en la formación, algunas más tradicionales y otras más disruptivas, pero sobre todo utiliza las que conozcas bien y aquellas que manejes con seguridad.

Te presente que tus alumnos necesitan participar de un proceso horizontal y flexible, adaptado a sus necesidades y en el que valorarán la funcionalidad y la practicidad de lo que se aborde.

Mejora tu comunicación docente, recuerda que es importante lo que decimos, pero nuestra manera de decirlo condicionará el significado. Una buena comunicación generará confianza y conectará al alumno con su proceso.

Afronta las situaciones complicadas que te puedan surgir. En algunas tú puedes ser el origen, en otras, la fuente serán los alumnos. Asume estas circunstancias como incidencias naturales en los procesos formativos.

12. EL GRUPO Y LAS ACTIVIDADES

Potencia la cohesión del grupo y favorece que se convierta en una comunidad de aprendizaje.

Te encontrarás con distintas personas, con diferentes niveles en el mismo contexto, por lo que tendrás que articular la manera de que todas estas personas circulen por la misma vía a distintas velocidades. Genera relaciones de apoyo y realiza las adaptaciones pertinentes.

Establece propuestas colaborativas que enriquezcan el desempeño de los participantes.

13. UN BUEN FINAL

La evaluación es un medio, no un fin. Es continua y refleja la respuesta del alumno a la propuesta formativa, informando sobre el punto en el que se encuentra, el grado de consecución del objetivo y lo que necesita consolidar o mejorar.

Antes de evaluar piensa qué vas a evaluar. Recuerda los criterios de evaluación. Elige bien el instrumento adecuado para evaluar los conocimientos, las habilidades y las actitudes de tus alumnos.

Deja que te evalúen; será una oportunidad para desarrollar tu marca personal docente.

Prepara bien el cierre de la formación, no dejes nada abierto.

14. LA HUELLA QUE QUEDA

Tras la formación, permanece disponible a los alumnos. Mantén la conexión con el grupo, apoya a quien te lo pida. Tan importante es el resultado conseguido como las relaciones que se han generado.

Cierra la formación con un informe que recoja tu *feedback* a quien promovió el proceso. Comparte el grado de satisfacción de las necesidades que te plantearon, cómo se desarrolló el proceso y qué respuesta tuvo el grupo. Allí lo contarás todo de forma breve, precisa y honesta.

Y, por último, agradece.

QUINTA PARTE

ANEXOS

[ANEXO 1]

Nueve pasos para diseñar
una estrategia de aprendizaje

GUÍA RÁPIDA

Plantilla: Guía
rápida

Desde que nos encargan una formación ponemos en marcha unas acciones en las que se dan algunos solapamientos, como verás en un anexo siguiente. Diseñar una formación no es una secuencia lineal de acciones independientes. No obstante, podemos identificar una serie de momentos que nos permitirán enfocarnos.

Aquí está la clave: focalízate en lo que haya que hacer en cada momento, no te precipites, no te adelantes.

Gestionar tu atención en cada momento es la mejor estrategia para que todos los elementos en juego terminen encajando adecuadamente.

Momento 1

Recibes el encargo, es tu primer contacto con el cliente. Identifica quién te llama y para qué te llaman.

Mediante una conversación o una serie de conversaciones se cerrarán el acuerdo y las fechas de la formación en el calendario. Ojo, aborda desde el principio la cuestión de las fechas ya que, si aquí no hay encaje, no tiene sentido continuar.

En este momento te pueden pedir una propuesta en la que reflejarás de manera breve (procura que no exceda de dos páginas):

conocimientos, habilidades y actitudes esperados. Serán los criterios de evaluación, que te ayudarán a ti y al alumno a tener una referencia sobre su progresión en la formación.

Momento 4

Selecciona los contenidos necesarios para que una persona pueda alcanzar el objetivo formulado tomando como referencia los criterios de evaluación. Diferencia los contenidos interesantes de los necesarios y quédate con estos últimos.

Convierte estos contenidos en módulos (entre cuatro y siete, según la extensión de la formación) y de cada módulo saca un máximo de cuatro ideas-fuerza que lo desarrollen. Ya tienes la estructura de tu formación.

Si se trata de una formación larga, de dos o más semanas, distribuye sus contenidos en el calendario del curso. Para ello plantéate:

- ¿Qué peso tiene cada módulo en la consecución de los objetivos? ¿Qué porcentaje de tiempo debería ocupar? Y corrige esta primera asignación con las siguientes dos cuestiones.
- ¿Qué nivel de profundidad va a tener cada uno? (alto, medio o bajo).
- ¿Qué desarrollo requieren? (largo, medio o corto).

Momento 5

Con la estructura definida, vamos a empezar a diseñar la secuencia de actividades. Para ello, apóyate en el documento de desarrollo según te indico a continuación.

Como mucho, no diseñes al detalle más de tres días de formación presencial o síncrona, y no más de cinco días en formaciones asíncronas.

En primer lugar, enfócate en la columna que indica:

- El tipo de actividad que haremos en cada momento.
- El contenido a la que se asocia.
- Para qué la hacemos.

- La demanda que te hace el cliente.
- El objetivo formativo que dará respuesta a esta demanda.
- Una propuesta inicial de contenidos.
- Una descripción de los principios metodológicos en los que basarás tu trabajo.
- Qué va a conseguir el alumnado tras la formación.
- El presupuesto de la intervención, con los gastos incluidos y referenciados.

No dejes que se enfríe esta primera conexión demorándote en entregar la propuesta si te la piden.

Momento 2

Puede que haya que cerrar alguna cuestión sobre las fechas, pero ya hay acuerdo y sabemos que vamos a impartir la formación y en qué condiciones. Enfócate ahora en:

- Identificar la necesidad: qué problema o dilema tratan de resolver y qué beneficio buscan.
- Determinar el perfil de las personas participantes.
- Qué número de personas participarán en la formación.
- Saber si es una formación presencial, *online* síncrona o asíncrona o mixta, y el horario en el que se desarrollará.
- Dónde se va a desarrollar la formación y quién aporta el espacio (aulas, entornos virtuales de aprendizaje, ambos, etc.).

Momento 3

Formula el objetivo de aprendizaje: redacta, con los verbos en infinitivo, una frase que refleje lo que el alumno conocerá y sabrá hacer con la actitud adecuada tras la formación y que le permita responder al problema o dilema que se plantea y generar el beneficio que se busca.

Responde de manera breve y sencilla a la siguiente pregunta: ¿cómo sabrá la persona que ha alcanzado el objetivo de aprendizaje? Elige entre cuatro y seis acciones que, realizadas por el alumno, constatarán que ha alcanzado el objetivo y posee los

Refleja esta información con el máximo nivel de concisión.

Calibra si esta secuencia te permite generar una experiencia de aprendizaje efectiva y sobre todo participativa.

Momento 6

Pasa a la siguiente columna, describe de forma breve y clara qué harás en cada actividad indicando la metodología que usas en cada caso.

Empieza a pensar qué tiempo te llevará cada una. Comenzarán los ajustes; no te agobies, es normal.

Comprueba ahora si la secuencia de actividades está dando respuesta a los criterios de evaluación definidos.

Momento 7

Completamos ahora la columna de herramientas, medios y recursos necesarios para cada actividad.

Sabrás lo qué te hará falta en cada momento.

Momento 8

Cerramos la estimación definitiva del tiempo que nos llevará cada actividad, asegurándonos de tener margen para gestionar la demora inicial, las pausas y los imprevistos.

Los ajustes ya serán una constante en todo el proceso. Recuerda que la programación de la formación es algo dinámico y flexible y que probablemente no ocurrirá el 100 % de lo que tenemos pensado tal y como lo tenemos pensado.

Ahora también es el momento para preparar los recursos que necesites: documentos, presentación, materiales para las dinámicas, etc. Esta es una de las acciones a las que más tiempo tendrás que dedicar; organízate bien y sé consciente de ello para dejarlo todo listo.

Momento 9

Comprueba que tienes todo lo que te hará falta antes de entrar en el aula física o virtual. Pon atención para no dejarte nada atrás.

Llega con la antelación suficiente, recibe a las personas que participarán de tu experiencia de aprendizaje...

...y ¡¡¡disfruta!!!

[ANEXO 2]
LOS MOMENTOS DE LA FORMACIÓN

	Momento 1	Momento 2	Momento 3	Momento 4	Mo. 5	Momen 6
Encargo	Detección de necesidades					
		Condiciones de contorno				
	Fijar fecha en el calendario					
			Formulación de objetivos			
				Selección de contenidos		
					Estructura de la	
				Criterios de evaluación		

Momento 7	Momento 8	Momento 9
sión: secuencia de actividades		
Metodología		
elección de medios y recursos		
	Elaboración de recursos	
Temporalización de las sesiones		
Tipos de evaluación		
	EVALUAR	
		DESARROLLO DE LA FORMACIÓN

[ANEXO 3]
PRINCIPIOS

FORMADOR 5.0: PROCESOS Y APRENDIZAJE

1. El eje fundamental está constituido por las **personas** y sus **experiencias de aprendizaje.** se aprende lo que se vive y se experimenta; lo que se descubre, se siente, se comprueba y se prueba.
2. Las **experiencias de aprendizaje** son subjetivas, personales, singulares y propias de cada persona.
3. Las **experiencias de aprendizaje** colectivas enriquecen las experiencias individuales.
4. Todas las personas tenemos **talento,** emoción y razón en sinergia para la realización de una tarea en un determinado contexto. Las **experiencias de aprendizaje** contribuyen a la activación y al desarrollo del **talento** de las personas.
5. Las **experiencias de aprendizaje** no pueden ser «dirigidas» o «controladas», pero sí se pueden estimular y facilitar.
6. Se pueden generar **experiencias de aprendizaje accesibles** a todas las personas.
7. Se pueden desarrollar **experiencias de aprendizaje** en contextos presenciales y en línea y combinar ambos entornos generando sinergias entre el mundo físico y el digital al servicio de las personas.
8. El **contexto** determinará la pauta de la **experiencia de aprendizaje.**
9. Son importantes el **qué** y el **cómo,** el fondo y la forma, **en función del propósito.**
10. Todos los participantes (facilitadores, alumnado, entidades, etc.) deben conocer **el propósito de la experiencia de aprendizaje,** expresado en un objetivo previamente formulado.

11. **El diseño de una experiencia de aprendizaje** es creativo, flexible, dinámico, vivo y con capacidad de adaptación a las circunstancias para dar la mejor respuesta posible en cada momento.

12. Los **contenidos** facilitarán la consecución de los objetivos y deben guardar una relación congruente con ellos.

13. Todos los **contenidos**, sean de la materia que sean, pueden ser **vividos y experimentados.**

14. Todas las **actividades y dinámicas** propuestas deben tener un **para qué bien definido.**

15. Forma parte del compromiso del formador la búsqueda de **metodologías, técnicas, recursos y herramientas** que posibiliten y fomenten las **experiencias de aprendizaje.**

16. Las **personas** son **responsables de su propio aprendizaje.**

17. **El aprendizaje no es gratis;** requiere una inversión de tiempo, energía y recursos de la persona que aprende.

18. Que las personas se encuentren en **apertura** es fundamental para que se dé una adecuada y efectiva **experiencia de aprendizaje.**

19. La participación es necesaria para que se dé la **experiencia de aprendizaje.**

20. Los **procesos de comunicación** suponen la base de las **experiencias de aprendizaje.**

21. El **humor** y pasarlo bien facilitan las **experiencias de aprendizaje.**

22. Los **resultados** de las **experiencias de aprendizaje** tienen una aplicación real e inmediata y las personas pueden transferirlos a sus vidas.

23. Los **efectos** de las **experiencias de aprendizaje** contribuyen al desarrollo de las personas, de sus habilidades sociales y emocionales.

24. Es un compromiso de los **facilitadores de experiencias de aprendizaje** su **formación continua** a través de su participación como alumnos en otras **experiencias de aprendizaje.**

25. Los facilitadores de **experiencias de aprendizaje** mantienen su entorno personal de aprendizaje y su red personal de aprendizaje abiertos, conectados y en desarrollo continuo.